中国特派員2500日

巨龍の目撃者

中日新聞社

目次

プロローグ

きらびやかな町並みとは対照的な昔ながらの街角。
学校帰りの子供たちが屋台で串焼きを買っていた

(2014年5月、上海で、筆者撮影)

「魔都上海」に降り立って

異国の街をブラブラと歩くのは無上の楽しみです。まして、それが一九三〇年代にはきらびやかな繁栄と妖しげな退廃の交錯した東アジア有数の港町として、「魔都」という異名すらほしいままにした上海であれば、なおのことです。

私は二〇一四年一月四日、中国重慶生まれの妻、八歳の娘、三歳の息子を伴って上海・浦東空港に降り立ちました。一九九七年から二〇〇〇年までの北京特派員、二〇〇三年から〇六年までの北京特派員、中国総局長としての勤務に続き、三度目の中国特派員生活のスタートでした。

初めて暮らす上海は、重厚で時に圧迫感すら感じさせた北の政治都市と比べ、けたたましさと人間の生活のにおいが充満した街の喧騒の中にこそニュースが転がっていました。

足が向いたのは、旧租界時代の雰囲気を色濃く残す黄浦江沿いの外灘《バンド》や、流行の最先端をいく南京西・東路、淮海中路などの目抜き通りだけではありません。

魔都の時代に、夜の世界を支配した上海黒社会の大立者、杜月笙の旧宅跡や、悪名高い「犬と中国人は立ち入り禁止」の立て札があった旧租界時代の公園をぶらついて目を閉じれば、時は一気に八十年余も巻き戻され、歴史に埋もれた目の前の情景が生き生きと動きだすような心持ちでした。

とはいえ、上海の魅力と本当の姿は、何よりも庶民生活の中にありました。ザリガニやカエルならまだしも、得体すら知れぬあやしげなモノを焼く串焼き屋、果物売りの屋台、お粥屋や大衆食堂を冷やかし、時に、買い物に出かける妻に付き従って市場をうろつきました。

二〇一四年の上海の街角で、いつも目をむいたのは物価の高騰でした。まさに神は細部に宿る。クレーンがうなりをあげる市中心部の高級マンション建設現場を見るまでもなく、危うい金満国家へとばく進する「巨龍」の姿は、庶民生活に直結した食べ物の値段から感じ取れました。

信じられないほどの物価の急騰を感じ取って頂くために、「改革開放の総設計師」と言われた鄧小平氏の死去直後から勤務した北京時代も振り返ってみます。

まだまだサービス精神の欠けた社会主義の残滓《ざんし》を感じた日々でした。商店では棚に商品があっても、今や懐かしい言葉にすら感じる「服務員」が不機嫌そうに「没有《メイヨウ》(ありません)」と口にする時代でもありました。

一九九〇年代、初めて大陸駐在になった飲んべえの特派員に、酒の安さは魅力でした。街の食堂の瓶ビールは一本一元(当時のレートで十二円)でした。同じ銘柄でも「純生」と少しきばると、倍の二元になります。二〇〇三年から再び暮らした北京では、ビールの値段は一九九〇年代後半の二倍以上になっていました。

今や世界第二の経済大国にのし上がった中国。経済の中心でもある上海の食堂で、ご当地の瓶ビールは十〜二十元、輸入品なら二十元以上もします。九〇年代後半の軽く十倍以上といったところです。

五万人近い邦人が暮らす上海では、日本風居酒屋は高級店から庶民向けまでよりどりみどりです。でも、それほど接待向きとも見えぬ構えで、日本酒一升に千元の値札をつけた店もあります。今のレート(一元＝十七円)なら日本円換算で一万七千円とあっては、上海に来てからコップ酒とも熱かんとも疎遠な日が続きます。

中国はモノが安いなんていつのことやら。日本の有名チェーン店の牛丼は、円安の影響もあり、上海の方が高いのです。あれもこれも十倍以上。不動産価格は狂乱。上海中心部で見かけた高級マンションは百平米で一千万元(約一億七千万円)でした。日本円に換算すれば「億ション」ばかりが目につきます。

富裕層は「高ければ高いほどよい」とバブル真っ盛り。上海の目抜き通りには巨大なブランド商品専門店ばかり入居するビルがそびえています。

上海の鉄道駅では、しょうゆ、お茶の葉、ハッカクなどで煮込んだ茶蛋《チャアタン》という味付け卵が一個五元もしました。一九九四年の北京留学時代には一個三角(当時なら三・六円)ぐらいでした。

人の集まる駅だけに、暴利をむさぼっているのかもしれませんが、留学時代の二十年前に比べて十五倍余にも高騰しては、庶民はやっていられまいと同情を禁じ得ません。

共働きの多い中国では、安く外食できる食堂や屋台が庶民の味方。私も二日酔いの朝はいきおい粥屋に足が向きます。ただ、今の上海ではピータン粥の一椀八元(約百三十五円)が安い部類。貝柱やむきえびが入った粥は、その三倍もします。

あまりの物価の高騰に、つい興奮して食べ物の値段にばかり筆が走ってしまいましたが、三度目の中国暮らしをしている私でもたまげるほど、この隣国の変化のスピードは速いのです。鄧氏が一九九一年に上海を視察し「上海の開発は遅い。もっと努力がいるぞ」とハッパをかけたのが幻のように感じるほどです。

さらに、「世界最大の発展途上国」を自称する中国や、そこに住む人たちの奥行きは深く、わけ入ればわけ入るほど、自身の中国理解の浅さを恥じ入るような多様性に満ちあふれています。

そんな中国人の奥深さ、したたかさを感じさせるエピソードを紹介しましょう。

まずは次の文章を読んでください。二〇一三年一月四日付の中日新聞、東京新聞の「論説特集」に、中国社説担当として私が書いた記事です。

●

十五年前のこと。北京赴任のため、ビザ申請に訪れた中国大使館で、担当参事官がこんな問いを発しました。「葉公好龍という言葉を知っていますか?」

首をひねる私に、彼は故事を語りました。『龍が好きな葉公は、家の中を龍の置物や絵で飾っていた。天の龍王がそれを聞いて喜び彼の家に舞い降りた。すると、葉公は肝をつぶし逃げまどった』

「寓意《ぐうい》は分かりますか」と参事官。彼の説明は「龍は民主主義、葉公は今の中国。私たちも民主の大切さは重々承知です。でも、すぐ、そのままには受け入れられません」。

故事の出典は、漢の時代の「新序」。本来の意味は「名を好むだけで、実《じつ》を好まない」ことのたとえ。参事官はサラリと自分流の解釈を加えたのです。

決めゼリフは「西側メディアはいつも民主を振りかざして中国を批判します。でも、両国の国情の違いを十分理解して北京報道を」という警句だった。

よく言えばこの深さ、悪く言えばしたたかさを、きちんと見極めることが、多面的な中国を論じるうえで大切だと思っています。

中国外交部(外務省)の会見で「世界最大の発展途上国」との言い方をよく耳にした。「世界最大」には中華思想の矜持《きょうじ》が、「発展途上国」のくだりには先進国と同じ法的義務は負いませんよとの、二重の意味が込められているのです。

暴力的な反日デモもあり、日中関係は最悪の状態にあります。中国がとめどない格差や腐敗などの国内問題から目をそらすため、愛国心を利用することには賛成できません。ただ、中国たたき一辺倒になりがちな風潮にも危惧を感じる。言論の自由や人権を重んじない共産党の一党独裁体制は批判していきますが、中国の人たちをひとまとめに敵視すべきではありません。

中国社説を書くスタンスは、もちろん「反中」でも「媚《び》中」でもありません。そのいずれも、相手を等身大に見つめようとする誠実さから、かけ離れています。

中国を正確に知る、「知中」の読者を増やし、重要な隣国との関係を深く考えてもらおうと、ウンウン悩みながら書いています。

通算で七年間の北京暮らしでは、取材妨害や尾行もありました。でも、最近会った中国外交官はこう話していました。「道理と裏づけのある中国批判は歓迎です。実は、横並びの中国の新聞より参考になりますよ」。

待ったなしの政治改革はなかなか進まないが、中国も一歩ずつ変化しているのです。

少し前の記事ですが、私がこの本を書こうと思った動機は、この文章に尽きているといっても過言ではありません。

●

書店を歩けば、国際関係のコーナーだけでなく店頭にも、決めつけや偏狭な視野で中国を非難する「中国たたき」の本が山積みになっています。日本を追いぬいて世界第二の経済大国となった中国の傲慢《ごうまん》な側面ばかりを強調した「中国脅威論」もやむことを知りません。

もちろん、「東洋の病人」とまで言われた中国が「中華民族の偉大な復興」ばかりを声高に言いつのり、十九世紀半ばからの「歴史の屈辱」を一気に晴らそうとするかのような姿勢には危うさを感じます。

確かに、汚職腐敗やとめどない格差をはじめとする中国社会の病理は深く、この国を根幹から揺さぶりかねない危険水域に入っています。

しかし、中国という巨大な隣国との共存なくして、将来の日本の進むべき方向を的確に考えられないのも事実です。そのためには、中国という途方もなくさまざまな顔を見せる巨龍の等身大の姿を、客観的に見つめることが何よりも大切であると思います。

日本人の中国観は、国交正常化後の手放しかつ無批判な中国礼賛から、近年特に顕著な中国を敵視するかのような中国たたきまで、両極端な振り幅で揺れ動いてきました。

先ほどの記事でも強調したように、初めから「親中」や「嫌中」というような先入観を持つことは、冷静に中国とつきあう態度から最もかけ離れたものでしょう。

少しでも「知中」の読者を増やし、そのうえでこの隣国とどのように付き合っていったらいいのだろうかと常に考えて、大陸から記事を送っています。

中国特派員として、大陸での中国ウオッチは二千五百日近くになります。

過去二回の特派員時代と違い、今は、中国大陸を駆け回り日々、新たなニュースを追うとともに、鳥の目をもって中国を見つめ、じっくりと考えて社説や大型コラムを書くという仕事もあります。

微力ながら、そうした経験を通じて、読者の皆さんに真の中国を理解してもらえるような航海図の一つを描くことはできないかと願い、本書の筆を執りました。

さあ、私と一緒に、中国という巨龍を読み解く旅にでましょう。

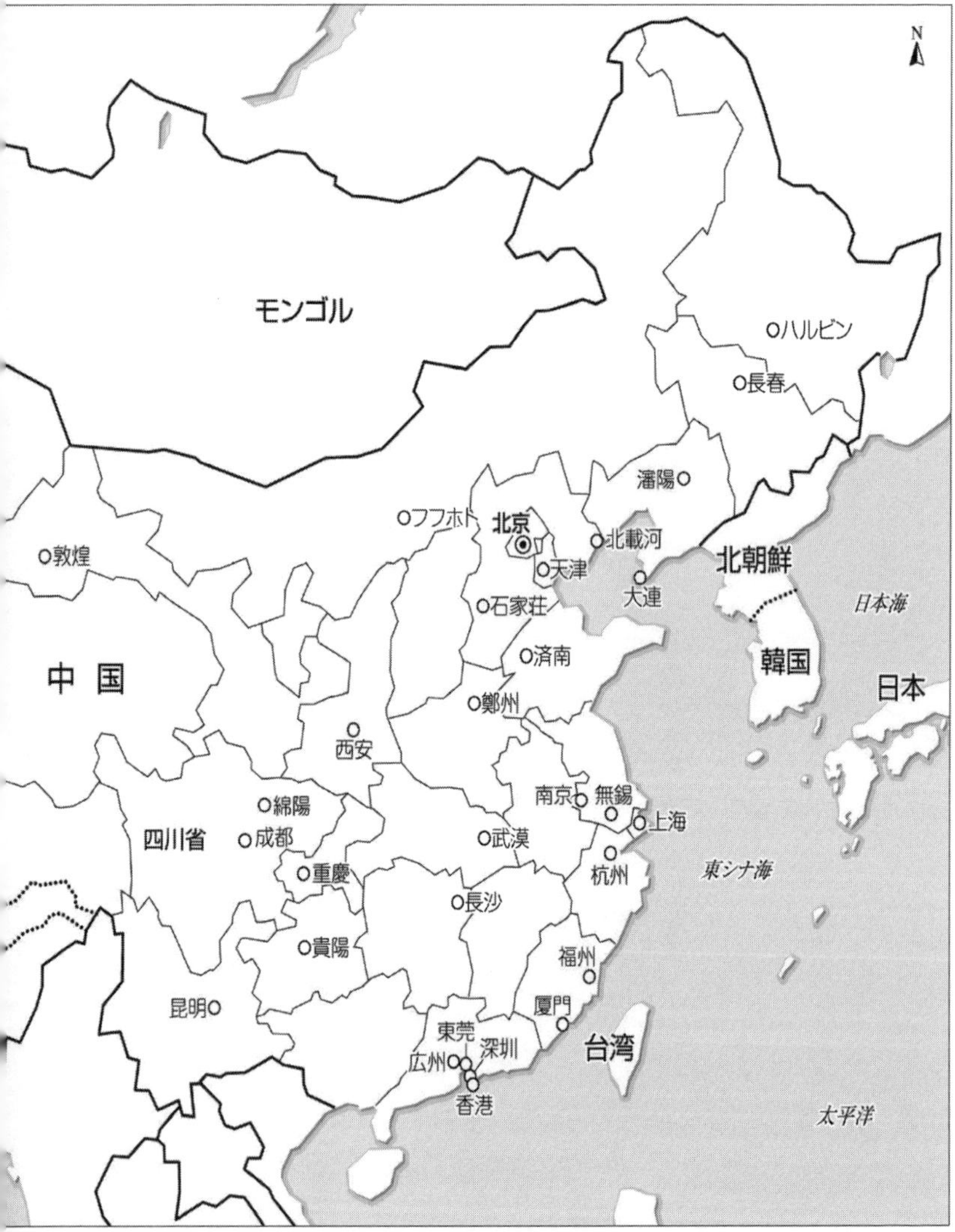
N
モンゴル
ハルビン
長春
瀋陽
フフホト
北京
北戴河
敦煌
天津
大連
北朝鮮
石家荘
日本海
済南
中国
韓国
日本
鄭州
西安
南京
無錫
綿陽
上海
四川省
成都
武漢
杭州
東シナ海
重慶
長沙
貴陽
福州
昆明
厦門
東莞
台湾
深圳
広州
香港
太平洋

中華人民共和国
(People's Republic of China)

・面積
約960万平方キロメートル
(日本の約26倍)

・人口
約14億人

・人種
漢民族(総人口の約92%)及び55の少数民族

・軍事力
(1)国防予算
約1兆3,553億元
(約20兆3,301億円:1元=15円換算、第13期全国人民代表大会第4回会議にて発表)

(2)兵力
総兵力推定約203.5万人
(陸軍約97.5万人、海軍約25万人、空軍約39.5万人、ロケット軍(戦略ミサイル部隊)約12万人、戦略支援部隊約14.5万人、その他約15万人)(英国際戦略研究所『ミリタリーバランス2020』等より)

・GDP
・約101兆5986億元(2020年、中国国家統計局)
・約14兆8,608億ドル(2020年、IMF(推計値))

・経済成長率(実質)
2.3%増(2020年、中国国家統計局)

提供:外務省(2022年4月)

(地名は本文関係分)

第1章

裸官はびこる汚職天国

習近平政権「トラ退治」の最大ターゲットと言われる
周永康・元政治局常務委員の故郷。
白壁の豪邸には今は周氏の親族が住む

(2014年3月、江蘇省無錫市で、筆者撮影)

■破られた党の〝不文律〟

二〇二一年八月。北京から東へ約二百八十キロの渤海に面する河北省の北戴河で秘密会議が開かれた。毛沢東の時代から、最高指導部層や引退した長老らが毎年夏に集まり、避暑を兼ねて重要政策や人事などを内々に調整してきた。中国政治の夏の風物詩ともいえる重要な政治の舞台であり、北戴河会議と呼ばれる。

しかし、今や、習近平国家主席（共産党総書記）の意に反する意見を出せるような長老や指導部メンバーは見当たらず、会議の重要性は低下してしまった。

二一年六月に発行された共産党文献によると、習氏は一月の会議で党の一部幹部の仕事ぶりを「怠惰」「おざなり」などと叱責したという。異例ともいえる強烈な表現での怒りは、もはや周囲に気を遣う必要もない専制ぶりを物語る。

二二年秋に開かれる五年に一度の共産党大会が指導部人事の節目となるが、習氏は「大会時に六十八歳以上は引退」の人事慣行を破って総書記三期目を続投すると見られ、「一強体制」は盤石になるであろう。

一二年に中国トップの座に着いた習氏が、十年足らずでこれほどの権力基盤を固めた最大の武器が「反腐敗闘争」を通じた政敵粛清である。

その最大のターゲットが、中国の司法部門を牛耳り、「石油閥」を率いてきた周永康・前党政治局常務委員であった。周氏は巨額汚職事件で摘発され、一五年に無期懲役刑を言い渡された。党内序列ナンバー9で、習氏をライバル視していた周氏への強制捜査は、文化大革命の混乱期の政争を除けば、政治局常務委員の経験者には捜査の手は伸ばさぬという共産党の不文律を破るものであった。

周氏摘発前年の全国人民代表大会(全人代)終了後の記者会見で、李克強首相は「誰であれ、地位にかかわらず、共産党の規律と法を犯した者は厳粛に処罰する」と述べた。党の不文律を破り、巨悪に切り込む強い意志を示したものであったのだろう。

■ワイロになる高級白酒

二度目の北京勤務を終えて帰国した時、旧知の中国人の友人が彼の自宅で歓迎の宴を張ってくれた。

「北京で飲み飽きたでしょうが、これは別格です…」と、テーブルに出してくれたのは見た目にも高級そうな白酒のボトル。日本人には紹興酒の方がなじみが深いかもしれないが、北京をはじめ寒い北方や内陸では、小さなグラスを満たして「乾杯」とやるのは、ほとんどが白酒だ。

白酒は、高粱《コーリャン》などの穀物が原料の蒸留酒で、アルコール度数は低いものでも三八度。六〇度近い強烈な白酒もある。宴席などでは、「乾杯」と酒を飲み干し、傾けた杯の底を見せ合った。相手に腹の底を見せ、信じ合う儀式だと、中国で教わった。

地方での宴席では相変わらず白酒での乾杯を楽しみにしている人たちも多いが、習近平政権が倹約と清廉な政治を呼びかけた「中央八項規定」の徹底で、最近では高級な白酒が公な宴席で供されることはほとんどなくなった。

二〇一四年春に、習氏が長く省トップを務めた浙江省を訪れ、老舗レストランで浙江料理を楽しんだ。確かに、メニューに掲載された一本三千元(約五万一千円)の白酒や高級ワインのリスト名にすべて横線がひかれており、供されるのはビールか安物のワインしかなかった。

高級ボトルの話に戻せば、銘柄も分からぬが、少し飲み進めると、ビンの内側に皇帝の絵が浮き彫りになってきた。友人いわく「私も名前は知りません。でも、とびきり高価なので、贈答用としては有名です。時にはワイロにもね」と、笑った。

中国で有名な白酒は「茅台《マオタイ》」で、高級レストランなら一本二千元(約三万四千円)から三千元はとられる。オークションなら、別の有名な白酒「五糧液」に六千万元(約十億二千万円)という途方もない値段がついたこともある。

文人である彼はワイロを受け取る立場にはないが、彼の知己である北京近郊の街の有力者からもらい、晴れの日のためにとっておいたという。

かつては、中国の街で裏通りなどをブラブラ歩くと、「白酒、高級タバコ買い取ります」との張り紙をした店を目にすることがあった。こうした店が存在したのは、党や政府の役人らが、ワイロとして受け取った高価な商品を換金する場となっていたからである。それほど中国社会で汚職や腐敗は日常化しており深刻な問題になっている。

皇帝の絵柄の白酒も、普通であれば自分たちで飲んだりせず、ワイロや贈答品として、転々と流通するシロモノであろう。

■四千九百倍の公務員試験

二〇一三年三月の全人代では、最高人民検察院の曹建明検察長(検事総長)が活動報告をし、二〇一二年までの五年間に収賄や職権乱用などの汚職で立件された公務員が二十一万八千六百三十九人に上ったと明らかにした。

二〇〇二年から〇七年までの五年間に比べ4%増えていた。立件された公務員のうち閣僚や省長級の幹部は三十人、局長級も九百五十人もいた。

検察長の正式な報告からですら、公務員は地位の上下を問わず、汚職にどっぷりつかっている現状が浮き彫りになったといえる。この年の全人代では、最高検の報告に対し、二割超もの批判票があった。国家主席選出での批判票はわずか０・13％だった。汚職への強烈な不満を反映したものだ。

興味深いデータもある。

金城学院大学の王文亮教授は著書「仮面の大国　中国の真実」（ＰＨＰ）の中で、沸騰する公務員志望熱について、こう描写している。

「二〇〇〇年ごろから〝中国一の試験〟と呼ばれるようになり、競争はますます烈になる一方だ。（中略）二〇一〇年十月二十四日、略称〝国考〟と呼ばれる共産党中央・国家機関公務員試験の一一年度募集が締め切られた。この高いハードルに今回も百万人以上が応募、一万六千人の募集枠を争う。最高競争率は史上最高の四八九五倍に達した」。

その理由について、王教授は「中国の公務員がこれほど高い人気を誇るのには訳がある。安定していること、給料と福利厚生がよいこと、権力の中枢に近いこと、灰色収入が多いこと、さらに、仕事がすべての職業・職種のなか最も楽であることだ」と、率直かつ手厳しく指摘している。

「二〇一〇中国人結婚状況調査報告」によると、調査対象の四割以上の女性の理想的パートナーの職業が公務員であり、以下、企業管理職、警察官・軍人、実業家などが続くという興味深い調査結果も、王教授は紹介している。

■「権銭交易」のあしき歴史

中国には「権銭交易」という言葉がある。共産党や政府の幹部が、自らの職権を乱用し、物資の横流しや許認可権の恣意的行使などによってあぶく銭をもうけることであり、中国で権銭交易のあしき歴史は長い。

一九八九年の天安門事件の背景にも、こうした権銭交易や「官倒(官僚ブローカー)」に対する庶民の反発があり、幾度となく反腐敗闘争が繰り返されてきた。

しかし、拝金主義と汚職腐敗は社会に広く深くまん延し、とどまる気配はない。

こうした深刻な状況に、中国の庶民の間では「汚職腐敗を取り締まらねば国が滅ぶ、取り締まれば共産党が滅ぶ」と、痛烈な皮肉を込めた言葉がささやかれている。

こうした共産党幹部を巻き込んだ拝金主義を加速させたきっかけの一つが、二〇〇一年七月に江沢民総書記が党創立八十周年の記念大会で行った演説である。

この時の演説で、江氏は過去に迫害されてきた私営企業家を、労働者、農民、知識人、軍人らと同じように社会主義事業の建設者と認めた。

この考えは、江氏が二〇〇〇年に提起した「共産党は先進的な生産力、文化、最も広範な人民大衆の利益を代表すべきである」という「三つの代表」論を進め、具体化させたものである。

三つの代表論は提起された当時、何を言いたいのかよく分からない面があったが、八十周年の演説により、江氏自身がそれまで反対してきた、私営企業家の入党を認める考えであることがはっきりした。

当時は、共産党が階級政党から国民政党へと生まれ変わり、私営企業家らの入党で市場経済の活力も増進されると期待された。だが、現実はそうではなかった。実際に起こったことは、国有企業の共産党幹部らが企業を私有化してオーナーになり、ぬれ手であわの大金を手にするという、理想とはかけはなれた腐敗だった。

簡単に言えば、「三つの代表」論は、腐敗した党の幹部が党員のままで企業を食いものにすることができるよう、大義名分を与えたようなものである。このお墨付きが、党幹部による汚職腐敗の土壌になったのは間違いなく、中国指導部は党員による汚職腐敗との戦いに、さらに苦しむことになった。

■「裸官」が巨額資金持ち逃げ

二〇一三年の全人代で引退した温家宝前首相は、最後の演説で「あくまで腐敗に反対し、廉潔政治づくりを強化し、権力が過度に集中し制約を受けていないという状況に対し制度面からの是正を行い、清廉公正な幹部、清廉潔白な政府、清廉明朗な政治という目標を実現する」と、声を張り上げた。

温氏が自ら言うように、中国指導部は汚職腐敗の根本的な原因を十分理解しているのである。それは、共産党一党独裁という政治メカニズムの中で権力が一部に集中し過ぎており、それを効果的に監視するシステムがないということに尽きる。

そして、中国の政治改革が進まなければその解決の糸口は見つけられないが、その政治改革こそが共産党独裁体制の下では最も困難であることも、中国指導者たちはよく分かっているのだ。

党や政府にとって悩ましいのは、指導層であるはずの官僚の中に、不正な手段であっても金もうけできるうちに大金を手にし、海外に逃亡しようとする風潮があることだ。

いつでも中国から逃げ出せるように、あらかじめ妻子を海外移住させ、まさに裸一貫で祖国に残って汚職腐敗に手を染める官僚は「裸官」と呼ばれる。

中国での報道では、こうした裸官や国有企業幹部らが国外に持ち出した資金は一九九〇年代半ばからの累計で二兆七千億元(約四十六兆円)にも上るという。

党員らに対する「愛人禁止令」などというお触れも繰り返し、出されている、「一夫一婦の婚姻制度を保護する」という名目で、配偶者を持つ者が他人と同居することを禁止し、違反者は公安機関が行政処分を下すほか、刑事責任を追及することもある。

このようなお触れが出るのは、社会的な地位に加え、財力まであわせ持つようになった腐敗党員の中に、愛人を囲う風潮がまん延しているからである。

■「侍観」や「侍泳」とは何か

さらに、国民の側にも、社会生活でのさまざまな便宜を期待して、ワイロを贈るというあしき風習がはびこっていることも、残念ながら指摘せざるをえない。

中国語に「関係《グワンシ》」という言葉がある。文字通り「関係」や「つながり」という単純な意味もあるが、日本人に分かりやすく「コネ」と訳されることもある。

ただ、日本で「コネ」と言うと少なからず後ろ暗いイメージもあるが、中国の「関係」は、数千年の歴史の中で育まれてきた中国人特有の人的ネットワークや人間関係のあり方に近い概念である。多様な「関係」を持っていることは、その人の顔が利く範囲が広く、有能な証しともされる。

中国社会は一般的に言えば、「二重の基準」が幅を利かせている。赤の他人には冷淡だが、親族や親しい友人には実に親切で、融通むげに便宜を図ってくれるという側面が強い。

ところが、何らかの「関係」があれば、本当の親族ではなくても、一気に身内扱いとされるようなケースは多い。地道な努力によりこうした人的ネットワークを作り上げていくのが本来の姿であるが、ワイロを使って「関係」を勝ち得ていくことも多く、こうした社会の構造が、汚職腐敗の温床になっている面は否定できない。

庶民レベルの拝金主義のまん延も深刻だ。

党幹部や官僚に対し、愛人禁止令が出るということは、誘いに応じて愛人になる女性が多くいるということでもある。外国通信社の報道によると、女子大生に愛人になることを禁止する通達を出した大学すら現れたという。

お金に目がくらんだ若い女性たちが考え出した、珍しい商売にも出くわした。

二度目の特派員勤務の時、出張先の広州で本社に記事を送り終え、映画館の前でポスターを眺めていると、二十歳前後の女性から声をかけられた。

「一緒に映画を鑑賞しましょうか？　代金は二十元(約三百四十円)でいいわよ」という。聞けば、これが彼女のなりわいだという。他にも何人かの女性が映画館の前をうろついていた。

彼女たちは、こうした仕事を「侍観」と呼んでいた。確かに、客に侍り、観劇するわけだ。他にも、リゾート地として有名な海南島では、若い女性が金持ちの客に侍って海水浴する「侍泳」という仕事もあると聞いた。

■「トラもハエもたたく」

習氏は二〇一三年一月、党中央規律検査委員会の全体会議で「トラとハエを共に取り締まる」と述べ、腐敗撲滅運動をスタートさせ、党高級幹部も一般党員も容赦なく摘発する意欲を見せた。

二〇一三年七月十九日付の中日新聞朝刊によれば、習氏は、毛沢東時代の政治キャンペーン「整風運動」にならい、この年の初夏のころから「新整風」ともいえる腐敗撲滅運動を本格化させている。

確かに厳しい司法の判断も目立つ。

かつては「鉄道王国」を率いると言われたほど強大な権限を誇った元鉄道相の劉志軍被告

には七月、六千四百六十万元（約十一億円）を超える賄賂受領などの罪で、執行猶予二年付きの死刑判決が言い渡された。

習氏が「トラもハエもたたく」と巨悪すら摘発に乗り出した反腐敗闘争は、これまでの政権とは一線を画すほど厳しい。中央規律検査委員会によると、二一年上半期の汚職摘発は三十二万件で、一七年以降の同期比で最多を記録した。

だが、中国の歴史を振り返れば、「厳打」と呼ばれる犯罪撲滅キャンペーンが発動され、「厳打」の期間が終われば、元のもくあみという悪循環が繰り返されてきた。

習氏は「党が人心を失えば、存亡の機を迎える」と、党員に訴えている。

「汚職腐敗を取り締まらねば国が滅ぶ」と皮肉る庶民の恨みの声を、習指導部がどこまで真剣に受け止め、党の腐敗撲滅に切り込めるかどうか。その覚悟が、習氏の「反腐敗闘争」が汚職大国・中国の土壌を本当に変えられるかどうかのカギを握る。

第2章

言論統制と特派員の戦い

中国の首相が演説する「政府工作報告」の原稿(2013年版、中央)。
閉幕後には全人代の記者会見記録(2014年版、左)や、
学習資料(同、右)が発行される。

■香港紙の前編集長襲撃される

上海に赴任して間もない二〇一四年二月二十六日、言論の自由を脅かしかねない凶悪事件の一報が、香港からもたらされた。

香港の民主派寄りの日刊紙「明報」の編集長を一月に更迭されたばかりの劉進図氏が、香港の繁華街で白昼、刃物を持った暴漢に襲撃される事件が起こったのだ。劉氏はすぐに病院に運ばれたが、背中などを切りつけられており、重体に陥った。

香港からの報道によると、バイクに二人乗りしてきた暴漢のうち一人が、香港島北東に位置する港に近い繁華街「太康街」の休息所にいた劉氏の背後から襲いかかり、再びバイクに乗って逃走した。

単なる傷害事件ではないことを裏づけるかのように、香港政府の梁振英行政長官が事件後すぐに「香港は法治社会であり、我々はこうした暴力事件の発生を絶対に容認しない。警察が全面調査に乗り出した」とする声明を発表した。

劉氏は明報の編集長を一月に突然更迭された。明報は中立的な新聞とされてきたが、劉氏が編集長の時代に、中国政府に批判的なテレビ局の開設申請が却下された問題で、明報は対中批判の論調を強めていた。

明報の編集部員は劉氏の更迭を受け、経営陣に「不偏不党の報道を」と求める要望を出し、香港記者協会が「報道の自由への懸念」を表明するなど、中国政府の言論統制を懸念する声が強まっていたさなかの凶行であった。

香港警察は三月十二日から十三日にかけて、事件に関与した男女十一人を逮捕した。明報をはじめ香港からの報道によると、実行犯とみられる二人は中国広東省東莞市で逮捕され、残る九人は香港で逮捕された。東莞市で逮捕された二人は実行犯で「黒社会」(暴力団組織)と関係があるとみられる。凶器は見つかっておらず、この本の執筆時で言論抑圧につながるような事件の背景は分かっていない。

だが、被害にあった劉氏自身が容疑者逮捕を受けて、病床から「事件は報道活動と関係があると信じている。私も家族も金銭や女性問題のほか、個人的に恨みをかう覚えはない。警察は真相を明らかにしてほしい」との声明を出した。そう痛切に感じ、訴えねばならないほど、香港で言論の自由が急速に失われつつあるといえる。

一九九七年に中国に返還され「五〇年間の高度な自治」が約束された香港だが、その言論空間が徐々に狭められてきたのは事実である。

かつて、日本の北京特派員の間では「香港情報」という言い方があった。香港発のニュースは中国大陸のマスコミのように公式発表を垂れ流すのでなく自由で果敢な報道が多いが、玉石混交であり「まゆつば」の可能性もあるとして冷静に判断すべきであるという戒めをこめた言葉である。

だが、近年は香港発の「玉」といえるような特ダネ情報はすっかり影を潜め、国際金融都市にふさわしかった香港の言論の自由は大きく後退した。

そうした状況で、二〇一四年三月の中国の全国人民代表大会(全人代)は、香港の人たちが本当に香港の「高度な自治」は守られるのだろうかと、固唾《かたず》をのんで見守った重要な大会であった。

なぜなら、全人代開幕に先立ち、中国で香港・マカオ政策の責任を担う張徳江・全人代常務委員長が、国政助言機関の全国政治協商会議に出席するため北京を訪れた香港代表団に「高度な自治は完全な自治を意味しない」と発言し、代表団に衝撃が走ったからだ。

香港紙などは「指導者たちの発言は、香港の高度な自治を、中央は内心で重要ではないと思っているからだ」「中央指導者の警告は北京の硬い姿勢を体現したものであり、高度な自治は絶対的なものではないとの意思表示だ」と、一斉に反発した。

その直後の三月五日に全人代が開幕。中国の李克強首相は政治報告で、香港・マカオ政策について「一国二制度の方針を揺るぎなく貫徹する」と述べたが、歴代首相が明言してきた香港の「高度な自治」に言及しなかった。

このため、香港メディアが注目したのが三月十三日の全人代閉幕後の李氏の記者会見であった。李氏は会見の中で「中央の香港・マカオ政策は一貫しており、明確である。中央政府は香港が国際金融、貿易、海運の中心である地位を保持し、さらに発展させることを継続して支持する」と持ち上げたが、政治面には触れなかった。

香港の記者団にとってもどかしい時間が過ぎ、記者会見は終了した。

会見終了後、香港の記者が「香港への新たな優遇措置はあるか」と質問したことに対し、李氏は「香港の繁栄に有利なことは何でもやる。これまでも、これからもそうする」と答えた。しかし、政治報告で「高度な自治」に言及しなかったことには回答せずに、笑って退場した。

こうした中国指導者らの香港の「高度な自治」を重視しないかのように映る一連の言動に、香港では二〇一七年の香港行政長官選挙に中国政府が干渉し、香港人による自由な選挙が実施できないのではないかとの懸念が急速に広がった。

そして、これは香港だけの問題ではなく、大陸でも言論統制を強めようとする習近平政権の明確なメッセージであると受け止める人たちが多くなっている。

■一九九〇年の記者管理条例

中国は共産党一党独裁体制であるため、言論の自由がないと誤解している人が多いかもしれない。だが、中国は憲法によって言論の自由が保障されている。

だが、その言論の自由の度合いが、共産党の胸三寸で恣意的に決められてしまうところに最大の問題が潜んでいる。

その意味で、中国は取材がやりにくい国の一つであろう。日本の新聞の中国特派員が現地でどのように取材をしているかは、新聞を手にする読者に、その実態があまり知られていないのではないだろうか。

時代とともに変化をしてきた中国での特派員活動の実態を紹介したい。

基本的には記者を管理しようとする中国当局と特派員のせめぎあいの連続であり、記者の側から見れば、公式発表だけでなく少しでも直接取材で真実に近づこうという苦闘の歴史でもあった。

中国での言論の自由や言論統制の問題を考えるにあたり、まずは、私自身の一度目の特派員時代(一九九七年三月~二〇〇〇年二月)を振り返ってみたい。

私は一九九四年秋から九五年夏にかけて、社費留学生として北京外国語大学で中国語研修をした。その後、いったん東京本社の外報部で働き、九七年三月に北京特派員として、初めて海外勤務をスタートさせた。

「改革開放の総設計師」と言われた鄧小平氏が死去した直後で、赴任した時には、北朝鮮から亡命しようとした党最高幹部の一人で元朝鮮労働党書記の黄長燁氏が北京の韓国大使館に逃げ込んでいた。

黄氏は有名なチュチェ思想（主体思想）の理論家であっただけに、中朝関係は緊張し、北京は緊迫感に包まれた時期だった。

この当時、外国人記者が守るべきルールとして中国政府が定めていたのが、一九九〇年の国務院（政府）常務会議で採択された「外国人記者及び常駐外国報道機関管理条例」（一九九〇年条例）というものであった。

基本的には、外国人記者の活動を管理することを最大の目的とするものであり、この条例が海外特派員を規制する法的根拠となっていた。取材にあたっては、外交部（外務省）や地方政府の外事部門に申請し、同意を得ることが必要とされた。

中国が国際的な非難を浴びた一九八九年の天安門事件の直後に採択された条例である。外国メディアに客観的で正確な中国報道をしてもらうための便宜を図るという発想は薄いという印象をもった。

条例は「中国の国家の安全と統一、公共の利益を害する活動をしてはならない」「事実を歪曲したり、デマを作り出したり、不正な手段で取材してはならない」などと定める。

大きな問題は、罰則も伴う禁止事項の書き方が抽象的であり、その解釈権は外交部や地方政府側が持っていたことである。このため、実際にはどの程度の取材が許されるのかは明確でなく、条例には特派員を自己規制させたり、萎縮させたりする効果があったということだ。条例を順守しようとすれば、取材の障害になると思われることがらは多い。

実際には、日本の特派員が取材したいことの多くは、共産党や政府の新たな政治方針、少数民族問題、地方農民の実情、人権問題など、中国当局が「安全」や「公共の利益」に不都合と考えることが多い。

このため、中国当局が不都合と感じる取材に同意する可能性は低く、相手方が「不正な手段」と考えかねないギリギリのところで取材活動をすることになる。

■台湾、香港記者を狙え

そうした際どい取材の具体的な例をあげてみよう。

一九九〇年代の終わりごろ、各国の北京特派員が大きな関心を寄せるニュースの一つに、毎春開かれる全国人民代表大会(全人代)で首相が行う「政府活動報告」があった。

全人代初日に首相が過去一年間の政府活動を振り返って総括し、新年度に政府が進める主に内政の課題(時に外交も含む)について政府案を示す形で演説した。

中国では五年に一度、秋に共産党大会が開かれる。この場合は翌春の全人代では、五年間の総括をすることもあるが、いずれにせよ中国が新たな一年に進むべき進路を示す重要な演説である。

日本だけでなく、各国の北京特派員もこの政府活動報告をスクープしようと、しのぎをけずっていた。この政府活動報告の報道合戦で、中日新聞(東京新聞)は九〇年代末、何年か勝利を手にしてきた。私が新米特派員として赴任した時の北京支局長だった迫田勝敏氏をはじめ、歴代の北京特派員が編み出してきた取材ノウハウが花開いた結果であった。

十五年以上も前のことで取材源に迷惑がかかることはない。さらに、その後はライバル各紙が同じようなやり方をしたことで取材方法はすでに明らかになっている。簡単にそのノウハウを説明したい。

それは、多くの場合、全国人民代表大会の代表からではなく、台湾、香港、シンガポールなどの記者から報告の草案を入手するというやり方である。

もちろん共産党や政府関係者には精力的に取材はする。だが、全人代代表は日本なら国会議員にあたるわけで、日本の特派員に、いわば「国家の機密」を漏らすような人はまず見当たらない。

だが、台湾、香港、シンガポールなど中華民族の記者の中には、大陸の中国人と深い血縁や地縁を持つ人がいるほか、北京の有力者に太いパイプを持つ記者もいた。そうしたツテがあれば、首相の報告を事前に手に入れることは不可能ではなかった時代である。

だが、大陸の影響が強い国や地域の記者だけに、彼らには悩みもあった。いち早く入手した報告をスクープとして報じた場合、中国政府から大きな反発や干渉も予想されたからである。

私たちは、北京や中国内外の出張先でそうした記者たちと交流を深め、意見交換の会や宴会などを繰り返して人脈を築いていった。

彼らが草案を手に入れた夜にでも間髪入れず入手できれば、台湾や香港紙などと同着となる。彼らが入手しながら自己規制してすぐ報道しないこともあり、そうしたケースでは単独の特ダネともなった。

だが、彼らが北京で投宿したホテルで草案を受け取っても、フロントなどでコピーを頼むわけにはいかない。当時は北京の街中ではおいそれとコピー機は見つからなかった。借り受けた草案を持って北京支局まで駆け戻ってコピーしたり、その場で書き写したりした。

この方法が首尾よくいった最初のころは、首相演説の数日前に中国当局から人民代表に草案が渡されていた。何日かすれば草案はひそかに記者の間に出回った。

だが、中国政府も情報流失を食い止めようと、あの手この手で知恵を絞り始めた。演説が迫った日に草案を代表に示してすぐに回収する方法や、草案に通番をふって情報漏れをチェックするなどの方法が取られた。

情報管理は徐々に厳しくなり、私が特派員、中国総局長として二度目の北京勤務(二〇〇三年三月~〇六年二月)をしたころを最後に、全人代での特ダネ合戦は下火になっていった。もちろん、紹介した中華民族の記者からの報告入手は一つの手段にすぎない。共産党の中央委員やその側近筋、中国の民主党派の幹部、台湾の政協委員などから入手していた日本メディアもある。

読者の中には、外国の首相の政府活動報告を少しでも早く報じることに、何の意味があるのかと疑問に思われる方もいるかもしれない。

だが、半日でも早く報じたいと努力するのは記者の本能である。さらに言えば、中国のような情報統制の厳しい国でそうした記者魂を失ってしまえば、当局が公表する都合の良い情報ばかりになってしまう。

■特ダネのツケは威嚇尾行

さて、ここで「一九九〇年条例」に立ち戻ろう。

長々と説明してきた全人代報道での努力は日本の新聞記者としては当然のことであるが、条例に照らせば「不正な手段」と断罪されるかもしれない。「公共の利益を害する」との批判も予想される。

実際に、ニュースが掲載された日に、北京の中国外交部(外務省)から当時の北京支局に警告の電話があった。おおまかに言えば「条例の決まりを知っていますね。同じ過ちをしないように」という内容だった。在日中国大使館で日本の新聞の報道内容をチェックしており、すぐに北京に連絡が来る仕組みである。

外交部からは警告以上のものはなかった。だが、しばらく尾行がついた。サイドカーがこちらに分かるようについてくる。

尾行とは本来、分からぬようにつけてくるものだが、知りあいの元中国人記者によると、こうした尾行を「威嚇尾行」というそうだ。

彼によれば「警告しましたよ。それ以上は自重するように」ということだという。中国で取材活動をする以上、条例の内容に不満であっても、それを尊重し、守るよう努力することは必要である。だが、しゃくし定規にやっていては、日本の特派員として仕事にならないのも事実である。まさに、条例の塀の上を、罰則を科される側に落ちぬよう歩くようなことの繰り返しが、北京での取材活動であった。

そのためには知恵も必要であった。

報告案を特ダネとして報じる際、最初のころは「首相の政府活動報告案を入手した」と書いていた。しかし、新聞の一面に勝ち名乗りを上げるような書き方は記者の方は気持ちがいいが、中国政府のメンツを失わせることになる。

首相が全人代の会場で演説するまでは「秘密」であるはずの文書を、外国の特派員が「入手した」と書けば、相手も穏やかではいられない。実際には草案を手にしていても「報告の内容が明らかになった」と、サラリと書くこともあった。塀の向こう側に転落せず、ギリギリの報道をする工夫の一つである。

一九九〇年条例の下で、中国政府も管理ばかりに血道を上げたわけではない。外国報道陣の要望を聞く形で、チベットや新疆ウイグル自治区など、外国人記者が勝手に立ち入れない地域へのプレスツアーを年に数回手配してくれた。

もちろん、外交部や地方政府の役人が同行する。取材の行く先々で、漢民族との融和を強調する当局にとって「模範的な遊牧民」らが登場する。そして、彼らに対する取材の機会が与えられる。

だが、少数民族の独立運動などを警戒する中国で、厳しく外国報道陣の立ち入りを禁じる地域に足を踏み入れることができる良い機会でもあった。お仕着せのプレスツアーであっても、行けないよりはずっと、ましなのである。

取材の合間や終わった後、同行者の目をぬすんで外へと抜け出した。「漢民族との融和」をとうとうと語った遊牧民の家に舞い戻り、寝室の壁に掲げたパンチェン・ラマの写真の裏に、ダライ・ラマの写真を見つけたことがある。

パンチェン・ラマは中国政府公認のチベット仏教の最高指導者。そして、ダライ・ラマは中国が「分裂主義者」と厳しく批判するチベット仏教の最高指導者である。遊牧民の言動は、まさに面従腹背である。

確かに、中国政府が強調するように、漢族との通婚や経済的な優遇策で、漢族と少数民族との融和や協調が進んでいる面もある。だが、こうした少数民族の複雑な心のひだは、現場に足を運ばねば分からないのである。

■北京五輪が生んだ新条例

こうした中国政府の記者管理のありようを大きく変えたのが、二〇〇八年の北京五輪である。五輪後の二〇〇八年十月、中国政府は「常駐外国報道機関及び外国人記者の取材条例」(新条例)を定めた。

在日中国大使館のホームページなどでも条例の内容を見ることができたが、第一条では「法に基づく取材や報道の便宜を図り、国際交流と情報伝達を促進する」とうたった。もちろん、記者証なしで取材した場合、公安機関が取材の中止を命じ処分することを明記したほか、条例違反には外交部が警告をし、取材をやめさせることや記者証を取り上げることも定めている。

記者を管理する条例であることはいささかも変わらないが、一九九〇年条例の第一条が「記者の管理」を強調したのに対し、新条例は第一条で「取材や報道の便宜」を掲げたことに注目したい。

外国人記者が取材を希望する場合、「取材を受ける組織及び個人の同意を得るだけでよい」との規定が盛り込まれた。外交部や地方政府への申請と同意を求めていた一九九〇年条例と比べ、大きく変わった点として評価したい。

この新条例を定めるにあたって中国政府も相当悩んだ形跡がみられる。二〇〇八年夏の五輪開幕に先立つ二〇〇七年に新条例とほぼ同じ内容の「オリンピック取材規定」が定められたものの、この規定は五輪が終わった一カ月後までの暫定規定であった。有効期限が切れるギリギリの段階で、中国政府は規定の精神を引き継ぐ内容の新条例を発表した。

国威発揚の格好の舞台として、北京五輪の成功は中国にとって最重要課題であった。このため、規定を作って多くの外国報道機関の取材を認めたものの、中国政府は最初、自国のイメージを傷つけるような報道に警戒感を隠せなかったとみられる。

だが、五輪の開催とその報道を通じて、世界にアピールするためには、外国メディアの報道が大きな力になると学んだに違いない。さらにいえば、偏った悪意ある報道は恐れていたほどではなかったと、痛感したのではないか。

そんな恐れを抱くのは、中国共産党や政府が報道機関を、その国の意向に従って広報するだけの宣伝機関としか認識していなかったからでもあろう。

報道機関を「党の喉と舌」ととらえる中国流のメディア観は後ほど詳しく説明するが、北京五輪は中国がメディアの役割や意義について考える一つのきっかけになったことは間違いない。

■憲法は「言論の自由」を保障か

これまで説明してきたような記者管理の実態を知れば、読者は中国には言論の自由がないと感じるかもしれない。

だが、中国憲法三十五条は第二章の「公民の基本的権利と義務」の項目で「中華人民共和国の公民は言論、出版、集会、結社、行進、示威の自由を有する」と規定している。

日本国憲法を見てみると、二十一条に「集会、結社及び言論、出版その他一切の表現の自由は、これを保障する」とあり、言論の自由が名実ともに保障されている日本と比べても、憲法の規定上は中国も遜色がないように見えるかもしれない。

だが、中国憲法五十一条には「中華人民共和国の公民は自由と権利を行使するとき、国家、社会、集団の利益及び他の公民の合法的な自由と権利を損なってはならない」とも定める。

「言論の自由」が憲法で保障されているとはいえ、「国家、社会、集団の利益」が優先されていることが分かるだろう。従って、「言論の自由」を認める憲法の規定があるとしても、一党独裁を続ける中国共産党が「国家、社会、集団の利益を損ねる」と判断すれば、言論統制をできるのが実態であるといえる。

具体的には党中央宣伝部と各地方の党委員会にある宣伝部が報道機関の報道内容を検閲

し、指導や監督をしている。

中国には中央、地方合わせ約一千九百十八紙(二〇一三年、中国報業による)の新聞があると言われる。だが、日本と違って中国の新聞は「党の喉と舌」と言われるように、党や政府の宣伝機関としての役割を担わされてきた。

■勇気ある言論人の歴史

歴史を振り返れば、こうした言論統制に対して、中国の言論人が沈黙を続けていたわけではない。

元中国紙記者が「特筆すべきジャーナリスト」と絶賛する人物に、劉賓雁がいる。劉は中国共産党に入党後、中国青年報の記者として取材を続けるうちに、各地で党幹部や官僚の腐敗を目の当たりにし、百花斉放(一九五六～五七年)の時期に、精力的に党や官僚批判の報道をした。

五七年に反右派闘争により「反党反社会主義の右派分子」とのレッテルを貼られ、執筆活動を禁止された。七九年に名誉回復されると、劉はすかさず、黒竜江省の贈収賄事件に題材をとった報告文学の「人妖之間」を人民文学に発表した。

劉は著書で「党幹部はあちこちに気を使うが、人民共和国の主人である人民に対してだけは気を使わない」と、鋭く社会の矛盾を告発した。八七年に再び、共産党から除名され、渡米した。米国でも中国の民主化運動を言論活動によって支援する活動を続け、「中国の良心」とまで呼ばれた。

また、文化大革命の時期(一九六六〜七六年)には、共産党の独裁体質を「党の天下」と舌鋒鋭く批判した日刊紙「光明日報」の総編集(編集長)がその座を追われ、失脚するできごともあった。

近年のできごとに目を移そう。

二〇〇四年には、北京大学の焦国標助教授(新聞学)が、インターネット上に「中央宣伝部を討伐せよ」という文章を発表し、言論や報道統制の総本山ともいえる党中央宣伝部を真正面から批判した。

焦氏は、党中央宣伝部を司令塔として、中国全土の党や政府の各レベルで、共産党支配に不都合と思われる言論の統制や排除が巧妙に行われている実態を鮮やかに示したといえる。

文学の世界では、二〇一二年十月に、初めてノーベル文学賞が中国の作家、莫言氏に贈られた。中国では珍しい農村出身の作家である。八人兄弟の末っ子でもあり、中日新聞の取材に「一日に三食ギョーザが食べられると聞いて」作家を目ざしたと答えた。ユーモア感覚を持つ人でもある。共産主義の模範的人物は描かない。文化大革命の時代に大いに宣伝された「文学は政治に奉仕するもの」という、中国文学の伝統を打ち破った一人ともいえる。

代表作には、張芸謀監督が映画化し、日本でも話題となった「赤い高粱」をはじめ、「酒国」や「豊乳肥臀《ひでん》」などがある。多くは、山東省の故郷をモデルにした架空の村を舞台に、たくましく、したたかに生きる農民を描いた。

中国にとっては、獄中にある民主活動家、劉暁波氏に続く二人目のノーベル賞受賞である。劉氏受賞の時と異なるのは、初めて中国共産党や政府と国民が、喜びを分かち合える受賞となったことであろう。

だが、莫言氏の受賞を機に、中国当局には良く考えてほしい。社会の矛盾を克服し、市民の権利を広げようと言う声を抑圧するのは真の大国にふさわしい態度なのだろうか。

莫言氏の受賞が、政治に仕える文学ではなく、自由な表現空間が広がる大きなきっかけになってほしい。

■「南方週末」の反乱

二〇一三年一月には、中国広東省の有力週刊紙「南方週末」の記事や論説が、共産党中央宣伝部の介入で大幅に書き換えられるという露骨な報道統制が起こった。

この騒動では、記者たちが党宣伝部の介入に表だって反発しただけでなく、中国版ツイッター「微博《ウェイボ》」で、書き換えの有無をめぐる反論の応酬が明るみに出た。

報道統制とそれに対するメディアの反発は中国各地で起こっていたが、ここまで激しく組織的な〝反乱〟は、極めて興味深い。

同紙は新年号(三日付)で、憲法に基づく民主政治を訴える内容の記事や論説の掲載を予定していた。しかし、習近平氏が唱える「中華民族の偉大な復興の夢」が柱の内容のものに差し替えられた。

具体的な報道への干渉は、広東省党委員会宣伝部が、正月休みに入っていた編集幹部らを呼び出し、記者たちには内緒で、校了済みの紙面の大幅訂正をさせるという、前代未聞のできごとだった。

共産党の意向に従った経営幹部は、微博の南方週末の公式アカウントに「新年社説は本紙責任者が執筆した内容だ。(すり替えという)ネット上のうわさは事実ではない」と声明を出した。これに対し、記者らは別のアカウントで「すり替え否定は事実ではない」と激しく反論し、スト入りを表明した。

広東省トップの胡春華党書記の調停で事態が収束するまで、抗議は一週間近く続いた。

先に説明してきたように、中国では特に「党報」と呼ばれる各レベルの党機関紙は、党と政府の方針を民衆に伝える宣伝機関として「党の喉と舌」と呼ばれてきた。

南方週末は、汚職腐敗など社会の不正を告発する勇気あるメディアとして有名だった。それにしても、党宣伝部の権力に記者たちが公然と反旗を翻し、ストにまで突入したのは極めて異例のことであった。

こうした背景には、日常的な宣伝部の紙面介入に、記者たちのいら立ちが極端に高まっていたことがあろう。社説差し替えにまでエスカレートした報道統制の前の一年間に限っても、南方週末では党の介入で千本を超える記事がボツにされたり修正されたりしたという。

広東省の党宣伝部は事態収拾のために、編集長を解任する一方、記者らの責任は問わず、事前審査を中止するという条件を示し、記者たちと合意した。

だが、これは混乱をこれ以上拡大させないための当面の弥縫《びほう》策にしか見えない。なぜなら、党中央宣伝部は騒動の幕引きにあたり「党によるメディア管理は揺るがぬ基本原則」とする緊急通知を出している。

あくまで強権的な報道統制を必要なものとする党と、報道の自由の意味と価値を実感し始めた記者たちの意識の差は、拡大はすれども縮まることはないだろう。

だが、党や政府に都合の悪いニュースを伏せ、国営新華社通信の管制情報を各メディアが一斉に使うよう求めるような態度は、健全な国民の判断力を侮るものである。それでは、真の民主社会の進展は望めない。

党中央機関紙の人民日報はじめ党報と呼ばれる新聞に対し、今の中国で愛読者が増えているのは一般の商業紙などである。

なぜなら、汚職腐敗などの調査報道に強く、改革志向だからだ。南方週末もそうした自由な編集方針の週刊紙であった。言論や報道の自由が、民衆の利益を守るということに、多くの人たちが気づき始めているのだ。

中国社会も今や、ネット大国である。「網民《ワンミン》」と呼ばれるネット利用者は六億人近いという。堅固な検閲システムをくぐり抜け、当局の隠したい情報が一気に広がる社会でもある。

南方週末の問題にどう決着をつけるのか。内外の記者は二〇一三年春の全国人民代表大会（全人代）での対応に目を凝らした。

■「法治」を手に入れる戦い

全人代の各省分科会は、徐々に公開が進んでおり、外国人記者も積極的に取材をすることができるようになった。注目された広東省の分科会で、省トップの胡氏は週刊紙「南方週末」の記事差し替え問題に触れなかった。傍聴した国内外二百人余の記者は落胆の色を隠せなかった。

胡氏は将来、習氏から党総書記の座を引き継ぐとも期待され、次代を担う改革派と目される。だから、記者団は言論統制について、省トップとしての考えを示してほしかったのだ。

広東省は改革開放をはじめ、中国の政策の実験場といわれてきた。返還前の香港から自由な民主の風が吹き込んだ地でもある。一足飛びに言論の自由を進めるのは無理であっても、南方週末の記者たちのように、言論の重要性を問う動きは日々増している。

中国の民主化運動を振り返れば一九七八年、壁新聞が張り出された「北京の春」で芽吹き、八九年の天安門事件で最高潮に達した。南方週末の問題では天安門以降、市民社会で言論の自由が初めて正面から論じられたといえる。

今の中国では誰が指導者になろうとも、共産党の独裁体制を守ることを何よりも重要と考える。

歴代の指導者たちは「西側の民主化モデルとは違う、独自の民主を進める」と主張してきた。だが、憲法で保障された言論の自由が、党の意志で左右されるようなことであれば、本当に言論の自由が保障されているとはいえない。

差し替え事件から一年。南方週末の二〇一四年の新年特別号の社説は「われわれは南方週末(創刊)三十にして立つ」との見出しを掲げ、「真実を生命とする新聞として、時に力不足であっても、肉薄し追求し真実を伝えることが原点である」と報じた。

二〇一三年の差し替え前の社説は「中国人は本来自由人であり、中国の夢とは憲政の夢のことである」と、憲政に基づく民主政治の実現を力強く訴えていた。

社説差し替え事件によって、政治的メッセージに乏しい内容の社説になったことは否定できない。私の取材に、南方週末の関係者は「事件後、百人近くの記者やデスクが社を離れた」と、社内に失望感が深いことを明らかにした。

南方週末の記者たちの戦いは挫折したが、しかし、大きな一歩であった。人治をやめさせ法治を手に入れるため、言論の自由を守る戦いはこれからも続くだろう。それは誰にも止められない。

第3章

「愛国無罪」の妖怪

公安関係者の警備の壁の向こう側を行進するデモ隊。
「管制デモ」の雰囲気が漂う

(2012年9月、上海で、中日新聞の今村太郎・元上海支局長撮影)

■正常化以降、最悪のデモ

二〇一二年九月、日本政府による沖縄県の尖閣諸島国有化をきっかけに、日中関係はまさに大揺れとなった。

尖閣国有化が決定した九月十日以降、上海市内では深夜に食事をしていた日本人グループが中国人にいいがかりをつけられて暴行を受けたほか、歩道を歩いていた日本人が頭からラーメンの汁をかけられるなど、少なくとも六件の暴行事件が通報された。日本の駐上海総領事館は日本語での会話に注意することを呼びかけるなど、上海に住む日本人社会は異様な緊張感に包まれた。

十五日には、中国各地の五十都市以上で反日デモに火がついた。山東省青島ではパナソニックなど約十社の日系企業が放火され、日系の企業や店舗が破壊や略奪などのひどい被害を受けた。日系企業が多く進出し「親日的」との評価が高かった江蘇省蘇州市でも、日系スーパーに暴徒が乱入して鉄パイプで宝飾品のディスプレーをたたき割り、日本人向けの飲食街では料理店が徹底的に破壊された。

反日デモは北京や上海などの大都会だけでなく、長沙、西安などの地方都市にも飛び火した。日の丸を焼き「東京をせん滅せよ」などの過激なスローガンも飛び交った。

九月十九日付の中日新聞によると、満州事変の発端となった柳条湖事件から八十一年の節目となった九月十八日には、中国全土の少なくとも百二十五の都市で反日デモが起こった。中国で発生したデモとしては、一九九九年の北大西洋条約機構（ＮＡＴＯ）軍による、ベオグラードの中国大使館誤爆に対する抗議デモや、〇五年に小泉純一郎首相の靖国神社参拝に対する抗議に端を発した大規模なデモが、鮮烈な記憶として残る。

だが、尖閣国有化に反発して全土に広がった一二年九月の反日デモは、一九七二年の日中国交正常化以降の歴史を振り返ると、中国で起こった最も大規模で、これまでにない過激なデモとなったといえる。

私は、一九九九年、二〇〇五年の抗議デモを北京で取材した。

その体験を踏まえ、デモの実態がどのようなものであったのか再検証し、激化したデモの背景を考えてみたい。

まずは、一九九九年五月九日の抗議デモを取材し、北京から送った私のルポを読んでほしい。

●

【北京＝加藤直人】いくつもの麻袋から地面にぶちまけられたこぶし大の石を群衆がわれ

先にと手に取り、「人の盾」をつくって警戒する警察官の頭越しに大使館内に次々と投げ込んだ。側道のレンガもたたき壊されて武器に――。

北京の英国大使館前。門灯には抗議を示す赤や黄色のペンキ跡が飛び散り、大使館の庭は石やビンで埋まった。

ベオグラードの中国大使館攻撃に対する抗議デモは九日、数万人規模に拡大。市内各地の大学からバスで動員された大学生に一般群衆が合流し「動員色」が強かったデモがあちこちで無秩序化した。

米、英国大使館近くの大通りには九日、「北京大学」「清華大学」などと書いたバスが続々と到着。デモ隊は「人殺しＵＳＡ」「ＮＡＴＯ解体」と書いたポスターを掲げ、「米国打倒」などとシュプレヒコールを上げながら、大使館街を行進した。

攻撃で死亡した新華社通信女性記者の出身大学である北京外国語大学では、黒い喪服の胸に白い花をつけた女子学生が記者の遺影を掲げ、デモ隊の先頭を行進。腕に黒いリボンをつけた学生が「校友の死を悼む」と絶叫しながら続いた。

引率のリーダーの号令に合わせてデモ隊は動き、止まる。日ごろは高圧的な態度が目立つ中国の警察官もデモ隊の動きを静観するのみだ。

大使館周辺には「デモルート」と書かれた掲示板も出され、共産党・政府公認の「動員デモ」の色彩は明らかだ。

その一方で、テレビニュースなどを見て現場に駆けつけた群衆の行動は当局の予測を超えてエスカレートした。

北京郊外の昌平県からバスで来たという男性(三二)は「中国人が辱めを受けた。黙っていられない」と英国大使館に何度も石を投げ込んだ。近くでは写真を撮っていた米国人があっという間に数十人の男性に取り囲まれた。「米国人は出て行け」「戦争犯罪人クリントンを裁判にかけろ」。群衆の怒号の中でつるし上げ状態にされた。

● ●

次は、二〇〇五年四月十日に反日デモを取材し、北京発で送った原稿である。

【北京＝加藤直人】日本が国連安全保障理事会常任理事国入りをめざす動きや教科書検定をきっかけにした中国の反日行動は十日、広東省広州市で約二万人、深圳市で約一万人がデモ行進するなど、前日の北京から中国各地に広がりつつある。

上海では九日夜、日本人留学生二人が中国人に頭を殴られて負傷。今回の反日行動が影響しているとみられる。

広州市の日本総領事館や香港からの情報によると、広州市中心部の広場から十日午前、デモ隊が「日本の常任理事国入り反対」などとシュプレヒコールをあげながら行進。日の丸を燃やし、日系スーパー、ジャスコが入る商業施設や、総領事館が入るビルの日本料理店に向かって投石したという。

香港に隣接する深圳市でも、日系スーパーが入る商業施設の看板が壊された三日に続いてこの日、約一万人がデモ行進。ジャスコや日系施設を包囲するなどした。

北京日本大使館によると、四川省成都市のイトーヨーカ堂では九日午後、日本製品のボイコットを訴える若者ら二百人以上の抗議行動があり、同店はシャッターを閉め、営業を一時停止した。

北京で日本大使館の窓ガラスが投石で割られ、日本料理店が破壊されるなどした九日の抗議行動について、中国外務省の秦剛副報道局長は十日、「中国政府は群衆が理性的、合法的に意思表示を行い、過激な行動をしないよう求めてきた」と述べ、中国当局が暴力行為を容認しているとの見方に反論した。

十日付の中国各紙は、一連の反日デモについて全く報じていない。

北京の日本料理店は十日、臨時休業した店が多い。日本大使館は在留邦人に対し反日デモの現場に近づかず、外出の際は十分注意するよう呼びかける緊急通知を出した。

次の記事は、抗議デモに襲われた北京の日本大使館の惨状である。

●

【北京＝加藤直人】反日抗議デモが押し寄せた北京の日本大使館は十日、被害状況を公開した。

窓ガラスが割られただけでなく、敷地内に約七十本のペットボトルや百個以上のコンクリート片、レンガが散乱。警察官など中国当局者数百人が、デモ隊の暴力的な破壊行為を全く阻止しなかったことが明らかになった。

三階建ての大使館は、一階から三階まですべて投石を受け、ガラス計二十枚が破損。正面玄関の大きなガラス窓も破壊されたほか、玄関横の柱にはケチャップのようなものが投げつけられた跡があった。

周辺には長さ十五センチもあるコンクリート片のほか、トマトやタマゴ、焼きいもなどが散乱。

●

インク瓶数個も転がり、地面にはおびただしい紺色のインクが広がるなど、デモ隊は手当たり次第に大使館に物を投げ込んだことがうかがわれた。

被害状況について、日本大使館は十日、日本だけでなく北京駐在の各国メディアに対しても説明した。

■「管制デモ」からの変質

一九九九年と二〇〇五年のデモの記事を読み比べて、どのような印象を持たれたであろうか。

記事にもあるように、一九九九年のデモは現場で取材した皮膚感覚でいえば、完全に「管制デモ」であった。

大学からバスで大量動員された学生が「デモルート」と書かれた掲示板に従いながらも、極めて暴力的な行為に及んだ。

それに対し、二〇〇五年のデモは、暴力行為こそ過激なものであったが、当局が完全にコントロールして動員したデモという印象は薄かった。

中国外務省の副報道局長が「中国政府は群衆が理性的、合法的に意思表示を行い、過激な行動をしないよう求めてきた」と強調した言葉に、二〇〇五年デモの実態は象徴されているのではないだろうか。

二〇〇五年のデモの時、日本大使館の前には、多くの中国警備陣が配置されていた。警備陣は学生らが大使館内に乱入しないよう両手で押しとどめながらも、「加油《ジャアーヨウ》(頑張れ)、加油」と、ささやいていた。

中国政府は当時「(デモは)政府とは何の関係もない」と弁明した。だが、一九九九年のような官製デモとまでは言えなくても、当局がデモ隊の「愛国無罪」の主張に真っ向から反対できず、デモが過激化するのを事実上容認するような姿勢を示したのは、紛れもない事実である。

さらに、二〇〇五年のデモでは、二〇一二年の「史上最悪の反日デモ」で極度に過激化した暴力的なデモにつながるような、新たな動きもみられた。

二〇〇五年のデモでは、個人の携帯メールやネットの書き込みサイトでデモ情報が拡散し、とめどない格差など社会の矛盾に不満を持つ下崗《シャアガン》(レイオフ)労働者や出稼ぎ農民らが多数合流した。このため、これまでの反日行動とは比べものにならないほど、デモの規模や過激さが突出したものになった。

デモのターゲットは反日よりも、むしろ国内のさまざまな社会矛盾に向けられた。このため、中国当局が抗議行動の落としどころを制御できず、一部群衆が暴徒化する過激な面が強まったのが大きな特徴であるといえる。

■歴代中国特派員の見方は

二〇〇五年の反日デモから二年後の二〇〇七年、中日新聞・東京新聞は日中国交正常化三十五年を記念して特集ページを作った。特集の一つとして、私が司会を務めて中日新聞の中国特派員経験者の座談会を行った。私だけでなく、北京、上海、香港、台湾などで取材経験のある元特派員たちが、反日デモについて、どう感じていたのか、ここで紹介したい。

最初に、司会である私は「中国では大学生らによる反日デモが起こった。日本の若者の嫌中感の高まりもある。相互に実態を知らない若い世代の意識の溝は深いのでは」と問いかけた。

長坂誠・元北京特派員(現・文化部長)は「私は二〇〇〇~〇三年の北京勤務時代に学生らのデモを取材したが、当局が動員した気配が見え隠れして学生の〝本気〟を感じるケースはほとんどなかった。根っからの反日とか、反中とかは案外少ないと思うのは楽観的だろうか」と述べた。

白石徹・元上海支局長（現・中国総局長）は、中国の若者の意識の変化に注目した。「最近の中国の若者たちは豊かな高度経済成長の時代に育ち、ナショナリズムの高まりとともに『大国意識』が強まっている。経済面でも日本を抜き去る勢いを見せ、中国人は日本ではなく米国を対等なパートナーとして意識し始めている。日本の若者がひと昔前の対中意識でいる限り、双方の会話はかみ合わない」と指摘した。

倉知哲也・元香港支局長（現・東海テレビ報道部長）は「私は日中双方に問題があると思う。限られた情報が双方の嫌悪感をいたずらに増幅させている感がある。ネット上の不毛な中傷合戦がその最たるもので、理論武装しあうことに陶酔し、（思想や行動の）支えとなるナショナリズムには根がない」との見方であった。

次いで、「反日デモの実態は日本で報じられたものと違うという指摘もある」という問いかけをした。

白石元上海支局長は「二〇〇五年春の反日デモは、日本メディア、特に過激な映像を繰り返し放映したテレビによって、日本側にゆがんで伝えられた部分がある。私は取材のため、北京の大学生たちのデモ行進に紛れ込んだが、警察当局は当初、デモ行為を真剣に抑制していた」と言う。

確かに、二〇〇五年のデモについて、日本の多くのメディアは当時、党や政府の扇動による「管制デモ」と報道した。だが、私自身が取材した一九九九年のデモや、長坂元特派員が「動員した気配」を感じた二〇〇〇年代初めのデモに比べ、二〇〇五年のデモについては「動員より容認」へと変化していたといえる。

中日新聞の元中国特派員たちは、当局が抗議デモを行うことを「容認」はしたものの、それが激化することには何よりも神経をとがらせていたことを感じ取っている。

さらに言えば、「愛国無罪」を掲げれば、それがデモの免罪符となり、さらに「対日本」ということになれば、過激な行動に出ても許されるというあしき土壌ができてしまったともいえる。

それが、二〇一二年のデモが「史上最悪」と言われるほど過激化した底流にある。「管制」から「容認」へと変化してきたデモが、二〇一二年には再び「管制デモ」に舞い戻り、社会不満へのはけ口として便乗した暴徒が、これまでにないほど過激化してしまった。

二〇一二年九月十九日付の中日新聞に掲載された、次のルポを読んでほしい。中国全土で荒れ狂ったデモが、中国当局が仕掛けたデモであった様子をよく描写している。

尖閣諸島の国有化に抗議する中国各地のデモは、柳条湖事件から八十一年を迎えた十八日も、事件現場の遼寧省瀋陽など百都市以上で発生。先週末には一部でデモが過激化したが、一転して大きな混乱はなかった。危機感を強めた公安当局が警備を強化し、抑え込んだ格好だ。格差の拡大や官僚の腐敗など社会の不満がうっせきする中、対応を誤ると「反日」デモは中国の現体制に対する批判に転化しかねず、当局はあの手この手で制御に努めている。

(瀋陽・新貝憲弘、上海・今村太郎)

●

瀋陽

二、三百人ずつに分かれた瀋陽のデモ隊は主に十～三十代の若者たち。大半がインターネットの呼び掛けを見て集まった。「日本を倒せ」「戦争だ」と言葉は過激だが、どの顔も表情はにこやか。お祭り気分なのか、雑談しながら行進するカップルの姿もあった。

日本料理店の前でデモ隊から一斉にペットボトルが飛び、大きな音を立てて店の壁に当たった時は一瞬、緊張が走った。三重の隊列を敷く武装警察の顔がひきつる。攻める側も守る側も同じ世代。ネットには「一番大変なのは警察官」と同情の声が書き込まれた。

抗日戦争の象徴だった国歌を大合唱するたびに「ウォー」と喚声が上がり、次第に興奮が高まる。警察の誘導で、いったん大きく迂回《うかい》しながら日本総領事館の西側へ。幅十メートル足らずの道路の両側に壁のように並んだ武装警察にはさまれながら敷地に近づく。

窓ガラスは何カ所も割れている。デモ隊の投げたボールが壁に当たり、中の塗料が飛び散ると「ワァー」と喚声と拍手が湧く。投げた若い男は得意げに笑みを浮かべた。行進を終えた参加者らは、まるでうっぷん晴らしをしたかのように「ああ、楽しかった」と口にし、街中へ消えて行った。

上海

上海の公安当局は、より巧妙な手法をとった。

午前十時、上海中心部の人民広場で約千人が気勢を上げた。そこへ当局が用意した大型バスが次々と到着。警察官が「同志たちよ、日本の総領事館へ送るよ」と呼び掛け、参加者をバスに乗せた。

デモ隊は、十キロ先の日本総領事館まで幹線道路を練り歩く予定だった。約五万六千人の日本人が暮らす上海は日系企業や小売店、日本料理店が多く、十六日に投石による被害も出て、休業を余儀なくされていた。バス送迎は市街地の破壊行為を防ぐための公安当局の苦肉の策だった。

総領事館周辺には道路を鉄柵で仕切った約一キロの「デモコース」が設けられていた。各所からバスで集められたデモ隊は計一万人近い。だが、数百人ずつに分けられ、コース内を練り歩く。鉄柵の外側には武装警察がずらりと並んだ。

若者たちはコースをぐるぐる回りながら、整然と抗議を続けた。沿道にはまるでパレードを見るかのような人だかり。デモ隊が「日本人を追い出せ」「皆殺しにしろ」と過激な言葉を叫ぶと、沿道の見物人は携帯電話のカメラで撮影し、声援を送る。やがて、歩き疲れた参加者が次々に立ち去っていく。

「デモに参加したことは一生の記念になる」と二十代の男性。夕方には辺りは静かになった。中国全体で武装警察が三十万人動員されたと香港メディアは伝える。当局はデモ隊に日本への「抗議」は許したが、「暴走」は許さなかった。

ただ、締め付けを強めすぎると、体制への不満に火を付けかねない。抗議行動を一気に収束させるのでなく、制御しながら「反日」を叫ばせ、ガス抜きを図るとみられる。

●

一読してお分かりのように、二〇〇五年のデモで「容認」へとカジを切った中国のデモは、再び完全にコントロールされた「管制デモ」へと逆流した。

なぜなら、当時の胡錦濤国家主席から「反対」と表明された尖閣国有化を、野田佳彦首相はその二日後に強行したからである。

メンツをつぶされた中国指導部は、反日デモを仕掛けた。だが、「反日」では過激化することを認めながらも、暴徒が反政府活動に転化することには、極めて注意を払いながらデモ沈静化の落としどころを探った。そして、満州事変につながった柳条湖事件が発生した十八日を過ぎると、中国当局は一気に反日デモの抑え込みにかかった。

中国指導部自身が反日の意図をもって仕掛けたデモだけに、「柳条湖」以前に沈静化させることはありえない。逆に、当局が押さえ込めばすぐに終わったことで、「管制デモ」であったこともあらためて明確になった。

■江政権時代の愛国教育

それでは、こうした愛国主義教育が徹底された歴史を振り返ってみたい。その源流は、一九八九年の天安門事件にさかのぼるといえるだろう。

中国指導部は、事件を「反革命暴乱」と決めつけた。こうした「暴乱」が起こった背景について、鄧小平氏は「われわれの最も大きな失敗と誤りは教育にあった。若い子どもたち、青年、学生の教育が不足していた」(『鄧小平文選』第三巻)と振り返っている。

事件の後、中国のかじ取りを任された江沢民氏にとっても、愛国主義教育の徹底は、党の生存をかけた重要戦略となった。

中学や高校で、アヘン戦争以来の「屈辱の近代史」を学ぶ歴史の授業時間がぐっと増やされた。一九九〇年には「国旗法」、九一年には「国章法」が制定され、学校や職場で愛国主義を発揚するような講話が行われた。

こうした愛国主義教育の一つのピークが、一九九四年八月に党中央が指示を出した「愛国主義教育実施要綱」である。

青年を重点に愛国主義教育を充実すべきことがうたわれ、愛国教育の拠点として、戦争の記念碑や博物館などを「愛国主義教育基地」として整備することになった。

この方針に基づき、北京郊外の抗日戦争記念館など全国二百余の施設が愛国主義教育基地に指定され、当局は児童や生徒の遠足を義務づけた。

こうした愛国主義教育の高まりが、中国の言う「抗日戦争勝利五十周年」の時期と重なり合った。日本国内では九五年六月に、戦後五十年の国会決議がなされた。しかし、政党間の駆け引きで「侵略」や「植民地支配」などの言葉がない、戦争責任と正面から向き合おうとしないと受け止められる内容のものとなってしまった。

中国は「反省と自己批判がない」(人民日報)などと強く反発し、もともと日本をターゲットにしたわけではない愛国主義教育は「反日」と強く結びついていくことになった。

その後は中国当局もあえて、愛国と抗日を結びつける動きを強めたといえる。それが、この時代に教育を受けた若者の心に「愛国＝反日」の誤った構図を刻み込んでしまったといえる。

愛国教育が悪いと言っているのではない。中国では古来、救国の英雄や憂国の詩人らは愛国者として自然な形で尊敬された。

大きな問題は、日本の歴史認識を激しく批判した江沢民氏の時代に、愛国と反日を結びつける動きを意図的に強めたことだ。共産党統治の正統性を強調し、社会不満から目をそらせるため、反日教育を徹底したとの見方がある。そんな、愛国教育の政治利用であったのなら大変危険である。

中国の若者は、狭き門の大学進学や就職に悩む。民衆もとめどない格差や腐敗に苦しんでいる。「愛国無罪」を旗印にした反日行動が、社会矛盾の安易なはけ口にされていることも否定できない。このため、社会全体として「反日」の沸点が異常に低くなっているのだ。

反日デモが反政府運動に転化する懸念があるからこそ、中国政府もデモが過激化し始めると、必死で抑え込んできた。一部の中国紙が「破壊と暴力は厳しく罰せよ」と訴えたのは冷静だ。

■もろ刃の「愛国無罪」

二〇一二年のデモで、デモ隊は「愛国無罪」のスローガンを叫んだ。デモに参加した群集は「国を愛することによる蛮行に罪はない」と解釈し、過激な反日行動を正当化しようとしたことは否定できない。

だが、反日世論を支えたかに見える「愛国無罪」のスローガンは、先に説明したように中国当局の思惑を超えて、政府批判に転じる危険性を常にはらんでいる。

二〇一二年のデモでは、毛沢東の肖像も掲げられた。貧しくとも平等であった毛時代を懐かしみ、拝金主義と格差におおわれた現状を呪い、党や政府を暗に批判する意味合いがあろう。

歴史を振り返れば、愛国無罪の由来は一九三〇年代の「七君子事件」にさかのぼる。これは、国民党政権が抗日民主運動を鎮圧し、七人に死刑を求刑した事件だ。

死刑求刑に反発し、「国を愛する七人が有罪なら、我々も入獄させよ」と政府を批判したスローガンが「愛国無罪、救国入獄」であった。デモで「愛国無罪」を叫ぶ群集の解釈とは異なり、この言葉はもともと反政府の色彩を帯びているのだ。

残念ながら、反日デモはこれからも起きる可能性は否定できない。それほど、中国人の心の中に戦争の傷は深く刻まれている。さらに、中国では大衆動員の手法が、対外的な圧力だけでなく国内の権力闘争に利用されてきたことは、文化大革命の例を見るまでもない。

二〇一四年の全国人民代表大会(全人代)前には、再び懸念される動きがあった。

中国の国会にあたる全人代の常務委員会は二月二十七日、九月三日を「抗日戦争勝利記念日」、十二月十三日を「南京大虐殺犠牲者国家追悼日」とする法案を採択した。

中国では、日本が一九四五年九月二日に降伏文書に調印した翌日を正式な「抗日戦争勝利記念日」と位置づけている。中国メディアによると、江蘇省や南京市では一九九四年から、旧日本軍が南京を占領した十二月十三日を「大虐殺が始まった日」として、犠牲者の追悼式典を独自に行ってきた。

こうした歴史的な節目を、法律で国家的な記念日と定めるのは極めて異例であるが、それだけに党と国家をあげて追悼行事を展開し、歴史認識の問題で日本を公に批判していく意思を内外に示したともいえる。

不幸な歴史については、特に、被害を与えた側は決して忘れてはならない。

しかし、お互いの民族感情をかきたてて政権の安定や維持に利用しようというやり方は誤りである。愛国は美しく尊いが、政治利用すれば危険なもろ刃の剣であることは幾多の歴史が教えている。

第4章

中華のアキレス腱—民族問題

2009年7月、ウイグル族が集まるモスクの前を
厳戒する中国の公安関係者

(新疆ウイグル自治区ウルムチで、中日新聞の朝田憲祐・元北京特派員撮影)

■原稿にない李首相の怒り

二〇一四年三月の全国人民代表大会(全人代)では異例の場面があった。李克強首相の政府活動報告で、首相が原稿にない自らの言葉で、テロに対する怒りをぶちまけた。

少数民族政策についての李氏の政治報告の原稿を読み返してみると、こう記述されている。「わが国は多民族からなる統一国家であり、多民族はみな中華民族の平等な一員である。(中略)中華民族という大家族の各民族の人々はむつまじく付き合い、心を合わせて協力し、調和のとれた発展をはかり、みなの心を一つにしていけば、より幸福で安心な生活と、さらなる民族の交流を必ず実現できるであろう」。

だが、「心を一つ」などの美辞麗句ではすまない深刻な凶悪事件が、全人代の直前に雲南省昆明で発生し、中国指導部に大きな衝撃を与えていた。

李氏は人民大会堂の演壇で、事件の被害者に深い哀悼を示したうえで、「人類の文明に挑戦する暴力テロ犯罪を必ずやたたきのめす」と、声をふるわせた。

無差別殺傷事件は全人代開幕のわずか四日前に発生した。刃物を持った男女の武装集団が昆明駅で居合わせた人たちに無差別に切りつけ、二十九人が死亡し、百四十人余りが負傷した。警察は犯人のうち四人を射殺し、四人を拘束。中国当局は即座に「新疆ウイグル自治区の分裂主義勢力によるテロ」と断定した。

二〇一三年秋には、中国共産党の重要会議である党中央委員会第三回全体会議(三中全会)の前に、北京の天安門前に車が突入し炎上した事件が発生している。この際も中国当局は「ウイグル族の分裂主義者のテロ」とした。

事件の全容や背景はいまだに明らかではないが、事件の発生した時期や手口を総合的に考えれば、容疑者らに中国指導部の権威失墜を狙うという政治的な目的があったことは排除できないであろう。

■民族問題は「内政」と反論

こうした少数民族の問題について、多くの欧米諸国は、中国がチベット族やウイグル族など少数民族を抑圧している人権問題であるとして批判している。中国の主張は、これに真っ向から反論するものである。中国はチベットやウイグルなどの民族問題は「人権問題ではなく、内政問題である」と主張し、国際社会の介入を拒絶している。

中国当局は少数民族地区で大規模騒乱が起こるたびに、昆明や北京での事件と同様に「祖国分裂活動」として、徹底的な鎮圧を図ってきたが、騒乱は繰り返されている。

近年の事件を振り返ってみれば、二〇〇八年三月にチベット自治区のラサ市で、中国政府のチベット政策に抗議した僧侶らの拘束をきっかけに、僧侶や市民らによる大規模な騒乱が発生した。

騒乱はチベット族も居住する四川省や青海省などに飛び火し、中国当局はダライ・ラマ十四世側による「祖国分裂活動」と主張し、大量の武装警察を投入して鎮圧した。

中国国営新華社通信によると、市民約二十人が死亡した。当局は九百五十人以上を逮捕し、少なくとも二人が死刑になった。チベット亡命政府は、デモ参加者ら百人以上が殺害されたと主張し、犠牲者の数は新華社の報道と大きく食い違っている。

また、二〇〇九年七月には、新疆ウイグル自治区のウルムチ市で大規模な騒乱が発生した。新華社は死者百九十二人と伝えたが、亡命ウイグル人組織の「世界ウイグル会議」は、中国当局や漢族の攻撃で最大三千人が殺されたと発表し、こちらも犠牲者数に大きな違いがある。

そもそもは、広東省の工場で六月、ウイグル族が漢族に襲撃され、多数の死傷者が出た事件がきっかけであった。襲撃した漢族の刑事処分があいまいにされたと不満を抱いたウイグル族の抗議デモが起こり、騒乱へと拡大した。

中国当局が、海外の独立組織の扇動により引き起こされた「暴力犯罪」と主張したのに対し、世界ウイグル会議は平和的なデモに当局が発砲したために暴徒化していったと反論している。

チベットや新疆などのような少数民族地区での騒乱の最も重要な背景としては、少数民族と漢族の経済的な格差がある。さらに、少数民族の側には、中国当局が民族固有の文化的、宗教的権利を尊重していないという不満が渦巻いている。

中国当局はこれまで、漢族との通婚による「漢族化政策」や、自治区への有利な財政投入と厳罰という「アメとムチ」政策で少数民族地区の安定を図ろうとしてきた。

だが、少数民族地区でのさまざまな抗議デモがひとたび騒乱になった場合、中国当局は祖国からの「分離独立運動」として治安維持を最優先に、徹底的に武力弾圧する姿勢は終始一貫変えていない。

さらに、チベット騒乱の時には外国報道陣が現場に立ち入れないよう厳しい報道統制をした中国が、ウイグル騒乱では全く違う対応を見せたのが注目される。中国政府が主張する「民族分裂活動」により漢族が大きな被害を受けたことを、報道を利用して内外に発信しようとする姿勢へ転換したといえる。

二〇〇九年七月、騒乱取材のため、ウルムチ入りした中日新聞の朝田憲祐・元北京特派員(現・経済部長)のルポが、その様子をよく伝える。

ルポによると「地元政府は当局と市民の衝突直後から、市内のホテルに臨時プレスセンターを設け、取材バスを出したり、衝突現場の映像や写真を(報道陣に)提供したりしている」というから、厳しく報道統制されたチベット騒乱の時とは百八十度違う、至れり尽くせりともいえる対応だった。ルポはこう続く。

「ウルムチ市内では、ウイグル族経営の商店や飲食店もショーウインドーを割られるなどの被害を受けているが、当局が取材手配したのは、焼き打ちにあった漢族経営の自動車販売店。報道陣が到着するや、待ち構えた社長が取材に応じ、『ウイグル族に襲われ、展示していた三十数台が焼かれた』と、被害状況を延々と語った」。

「負傷者が入院している病院で、インタビューを受けたのは、あらかじめ決められた漢族の女性。報道陣に配布された死者や負傷者の写真に写っていたのは、いずれも漢族とみられる被害者だった」。中国当局の言う「民族分裂分子」が、漢族を襲ったことを、国内だけでなく海外にまで印象づけようと、こうした取材への便宜を図ったといえる。

欧米諸国の反応の違いも、チベット騒乱とウイグル騒乱では際だっていた。各国はあれほど中国の少数民族政策を人権抑圧と批判してきたのに、ウイグル騒乱の直後に開かれたイタリアでの主要国首脳会議(ラクイラ・サミット)の首脳宣言では、この問題について何の言及もなかった。

その背景について、東京新聞(中日新聞東京本社)の浅井正智・外報部デスク(現・豊田支局長)は当時、特報面に「中国のウイグル族に対する抑圧政策は、二〇〇一年の米中枢同時テロ後、当時のブッシュ政権が始めた対テロ戦という外的要因により、劇的な変化を遂げた」と書いた。

なぜなら「米国の対テロ戦に便乗した中国は、イスラム教徒のウイグル族に『テロリスト』のレッテルをはった。以後、ウイグル族を弾圧しても、中国は国際社会から批判されなくなったからだ」という。

中国の外交的なしたたかさと、別の意味での米国の「二重の基準」を浮き彫りにするような対応であると言えよう。

■ウイグル報道で英BBC放送禁止

分離独立運動に対する弾圧に話を戻せば、中国は二〇二一年二月、英国BBC国際放送の国内での放送を許可しないと発表。その理由についてBBCの中国報道が「真実、公正でなく、中国の国家利益に損害を与え、中国の民族団結を破壊した」と明らかにした。

BBCは二月初旬、中国新疆ウイグル自治区にある、ウイグル族の監視・統制を目的とした「再教育施設」で、組織的な性的暴行や拷問を受けたとする女性らの証言を放送した。

中国政府は記者会見などで「偽情報と偏見に満ちた報道だ」などと、繰り返しＢＢＣの放送を非難してきた。少数民族の分離独立運動に神経をとがらせる中国は、この報道を最も問題視して放送禁止に踏み切ったのだろう。

英国のラーブ外相が「中国の決定はメディアの自由を奪うもので容認できない」との声明を出し、中国を批判したのは当然である。

中国は、二月初めに英国が中国国営テレビ海外放送の免許を取り消したことへの対抗措置発動を示唆していたが、英中両国の放送禁止は次元の違う問題である。

英国は、中国の国営放送が共産党の管理下にあり自由な編集権がないことを問題視して免許を取り消した。ＢＢＣは国際社会が看過することのできない中国国内の人権侵害であるとして、ウイグル族虐待の実態を告発した。

その報道内容が自国に不都合だからといって、中国がＢＢＣの放送を禁じたのは、不当な報道抑圧である。中国憲法に明記される「言論の自由」が、共産党支配に抵触しない範囲でしか認められないことを露呈させたともいえる。

中国の少数民族政策で近年目立つのが、イスラム教の少数民族であるウイグル族の「中国化」である。約一千万人のウイグル族の一割を再教育施設に送り込む一方、新疆ウイグル自治区の幹部らが住民家庭に入り込み「親戚」として交流するなど、「アメとムチ」で中国化を図ろうとしている。

中国外務省報道官は一八年、「テロと戦い過激主義を防ぐ措置を取ることは、新疆社会の安定に役立つ」と述べ、それまで否定してきた再教育施設の存在を初めて認めた。

だが、「職業技能教育訓練センター」との施設名は名ばかりである。実際は中国語や思想教育を通じ、民族固有の文化や宗教を捨てさせ、無神論の共産党の旗の下でウイグル族を漢族に同化させる基地といえる。

一六年ごろから始まったという「親戚作戦」では、百万人余の漢族幹部らがウイグル族の「親戚」の悩みごと相談に乗り、冠婚葬祭にも参加するという。再教育が「ムチ」であるなら「アメ」であるともいえよう。

だが、中国紙記者は「笑みを浮かべて家庭に入り込む幹部らは、ウイグル族を監視し、彼らを社会主義者へと洗脳する密命を帯びている」と指摘する。アメといっても甘いばかりではないのである。

■盲目の人権活動家の正義

人権問題一般にも目を向けてみたい。

二〇一二年春、米中間で深刻な人権・外交問題が発生した。「盲目の中国人権活動家」と呼ばれた陳光誠氏が四月、軟禁されていた山東省の自宅を脱出し、北京の米国大使館に保護された。

当初、中国国内にとどまる意向を示していた陳氏は一転、「家族とともに米国に出国したい」との要望を明らかにした。中国は「一般の中国公民」として留学名目で出国することを認めた。この措置の背景には、陳氏に対する人権抑圧を批判する米国に屈して政治亡命を認めたわけではない、と反論する中国の意地があろう。

陳氏は、一人っ子政策のため地元当局が強制してきた中絶や避妊の実態を告発して有名になった。二〇〇七年には「アジアのノーベル賞」とも呼ばれるマグサイサイ賞を受けている。

陳氏は、交通をかく乱した罪などで二〇〇六年に拘束されて実刑判決を受け、四年余の刑期を終えた後も、地元当局が軟禁し外部との接触を禁じていた。法的な手続きもないまま、夫婦とも暴行を受けたという。中国は国内で活動家の安全を保証するとしたが、本人が出国を希望した。国際社会の目が届かなくなった時に、自身と家族の人権や安全が守られるかどうか不安を覚えたからだろう。

渡米した陳氏はニューヨークで講演し「最も懸念しているのは、中国の法の状況だ。法律があるのに守られていない。正義がない」と語った。陳氏は渡米後、ニューヨーク大学の客員研究員になったが、一年ほどで辞めている。陳氏は「中国の圧力があった」と主張しているが、大学側は「当初からの任期」として否定している。

陳氏の事件に先立つ二〇一〇年には、民主的立憲政治を求める「〇八憲章」を起草して逮捕された民主活動家、劉暁波氏に中国在住の中国人として初めてノーベル平和賞が贈られた。劉氏は「この受賞は、天安門事件で犠牲になった人々の魂に贈られたものだ」と語ったという。

この受賞決定前に、中国政府は「劉暁波に授与すれば、中国とノルウェーの関係は悪化するだろう」と圧力をかけた。ノーベル賞委員会は、劉氏への授与理由として「今、中国での人権抑圧に目をつぶれば、世界での人権の基準を下げることに直結する」と圧力に屈しない姿勢を示した。

一九八九年六月四日の天安門事件を振り返れば、中国当局から、首謀者の一人とされた元中国科学技術大学第一副学長の方励之氏や学生指導者ら民主化運動の中心にあった人たちは、追われるように海外へ逃れた。

中国は「６・４」の大事件を、逆に軽く「政治風波」とも呼んできた。事件を風化させ、人々の記憶から風や波のように消し去ろうとするのは、歴史の逆行にほかならない。

事件から二十四年がたつのを前に、共産党は北京や上海の大学に対し「報道の自由」など現体制を脅かしかねない七つの言葉を、授業で使わないよう通達したという。七つの禁句には「公民の権利」「司法の独立」など、民主政治の基礎となるような言葉が並ぶ。

一九九〇年代生まれの「九〇後」と言われる多くの大学生にとって、天安門事件は生まれる前のことだ。中国は、一党独裁を守るために、民主化の動きを武力弾圧した共産党の過去の誤りを総括せず、若者にきちんと教えてもいない。

さらに、教育の場でこのような「言葉狩り」をするのであれば、中国の若者たちは将来、多様な価値観を持つ世界の若者たちと、国際社会で共に未来を語る知的基盤すら失うことにならないだろうか。

■「腹いっぱい食える」人権

中国国内の人権侵害を強く批判してきたのは米国である。法律に基づかない身柄の拘束、公正な裁判の欠如、自由な表現活動の禁止、少数民族の抑圧などについて、強く中国を批判してきた。

　これに対し、中国国務院(政府)は一九九一年に「人権白書」を公表して以来、不定期に白書を出して、米国からの批判に反論してきた。反論の柱は、「いろいろな人権の中でも、最も重要な権利は人民の生存権と民族の発展権である」との主張である。

　一九九〇年代に特派員として勤務していた時、中国の外交関係者が「今の中国にとって最も大切な人権は、人民が腹いっぱい食えるということ」という言い回しで、人権抑圧批判に反論するのを聞いた。

　一般的に、人権とは人間が人間として本来有すべき基本的な自由と権利の総称である。「腹いっぱい」との発言は、その中でも、中国は「人民の生存権」を最も重視すべき段階なのであるということを、外国特派員に強調したかったのであると理解した。

　さらに、中国は人権白書を通じて、「欧米諸国、特に米国の国内には人種差別などの人権侵害がありながら、他国を批判するのは『二重の基準』であり、内政干渉である」と反論している。

　確かに中国が「二重の基準」と米国に反論するのには一理ある。だが、人権が「人間として有すべき権利」である以上、かりに今の中国の体制を批判する人たちであっても、その人権を抑圧したり制限したりすることは許されないであろう。

米中は二〇一二年夏、人権対話をすることで合意したが、中国は「人権問題で他国の内政に干渉すべきではない」とクギを差した。

だが、国際社会からの批判を受け、中国が人権状況の改善に取り組もうとしているのも事実である。二〇一三年五月十五日付の中日新聞によると、中国政府は五月十四日に、三年ぶり計十回目の「人権白書」を公表した。

白書は「人権を尊重し保障することは、中国共産党と国家機関の意志と行動である」と明記した。具体的な措置として、司法面では十三の非暴力的な経済犯罪で死刑を取り消し、留置場に苦情対応システムなどを設置しているとの現状を説明した。

華僑向けの通信社、中国新聞社のネット版中国新聞網は、もう少し詳しく、具体的な人権改善の努力を伝えた。それによると、白書は死刑執行について「国が厳しくコントロールし、慎重に判断している」と強調。死刑の罪名の五分の一を減らしたほか、死刑判決について再審や監督を強化するという。

白書は「中国公民の宗教・信仰の自由は確実に保障されている」と強調した。国内には五千五百の宗教団体があり、法に基づいて登録された公開の宗教活動の場所は十四万カ所に上ると紹介し、「信者たちの需要をほぼ満たしている」と述べた。

現実はどうかと見てみれば、確かに以前と比べ、人権を重くみる動きも出ている。

二〇一三年五月二十二日付の中日新聞によると、中国浙江省の高級人民法院（高裁）は、十年前の暴行殺人事件で実刑判決を受けて服役していた男性二人が無罪だったとして、国家賠償二百二十一万元（約三千七百五十七万円）を支払うと発表した。

高級法院によると、男性二人は二〇〇三年五月に浙江省杭州市で十七歳の少女が殺された事件で逮捕され、それぞれ執行猶予付きの死刑と懲役十五年の判決が確定した。

家族が無罪を訴え続けたものの、十年が経過した。だが、習近平氏が国家主席に就任した直後の二〇一三年三月下旬、再審公判が開かれ、「証拠が不十分」「他者による犯行の可能性がある」として無罪が言い渡された。

習体制がスタートし、内外に「法治国家の新局面」を強くアピールする狙いがあったのかもしれぬが、こうした人権を重く見る姿勢への転換は歓迎できる。

■突出した死刑執行数

実は、習氏は国家副主席当時の二〇〇九年、訪問先のメキシコで、中国の人権や民主についての質問に対し「腹いっぱいになって、無為に過ごしている外国人が、われわれの欠点をあれこれあげつらっている。中国は革命を輸出せず、飢餓や貧困も輸出せず、外国に悪さもしない。これ以上いいことがあるか」と、先進国による中国の人権抑圧批判に対し、いらだちをみせた。

さすがに、放言として批判を浴びた。今や党総書記、国家主席として党や国を率いる立場にあり、人権や法治を重視する路線をあえて鮮明にしているのかもしれない。

それでは、中国の人権状況について、国際社会はどうみているのであろうか。

中国が人権白書を公表した一カ月前の二〇一三年四月、ロンドンに本部を置く国際人権団体アムネスティ・インターナショナルは、世界の死刑に関する報告書を発表した。報告書は、中国の死刑執行数は国際的に突出しており、年間数千人に上る可能性があるとの見方を示した。

さらに「信頼に足る情報が公開されていない」として、中国での死刑執行数は記載しなかったが、公正を欠いた裁判の結果、死刑が科されている例もあると指摘した。

ちなみに、報告書によると、中国に次いで死刑執行数が多かったのは、イラン(少なくとも三百十四人)、イラク(同百二十九人)、サウジアラビア(同七十九人)と、中東諸国が続いた。人権を守るという観点からは、いくら人口が多いとはいえ、死刑執行数がイランの十倍近いような飛び抜けた状況が真実なら、とても見過ごすことはできないだろう。

また、アムネスティは「信頼に足る情報が公開されていない」と批判した。人命を奪う極刑について、その情報の不透明性は、中国自身が言う「人権を尊重する意思」に疑問符を突きつけるような態度である。

共産党一党支配の下で、立法府に実質的な権限はなく、司法の独立もないに等しい。二〇一二年三月の全人代では、人権の尊重を盛り込んだ刑事訴訟法改正案が採択された。一歩前進ではある。

だが、法で人権が保障されても、もし解釈や適用が恣意的な「人治」であれば意味がない。胡錦濤政権時代に温家宝首相は「法治主義の徹底」を何度も訴えた。習近平体制の下でも、この問題意識をかけ声だけに終わらせてほしくない。

第5章

「2等公民」と差別される農民

現金10万元の包み130個を積み上げた
大きなお年玉「現金の壁」の後ろに立ち並ぶ
四川省・建設村の村民たち

[四川省の地方紙・華西都市報=2014年1月=より]

■お年玉「現金の壁」に沸く農村

上海に赴任したばかりの二〇一四年一月、中国四川省で発行される地方紙「華西都市報」に目を引く写真が掲載された。村の広場にしつらえた台の上に、現金十万元(約百七十万円)の包み約百三十個が積み上げられ、大きなお年玉となった〝現金の壁〟を前に、村民らが記念撮影に興じる光景だった。

中国の春節(旧正月)を前に、四百八十三戸しかない四川省涼山州建設村で、協同組合に出資した村民が一戸平均で七十万円近い配当金を受け取った様子だという。

村人たちは二〇一〇年に少ない資金を出し合って協同組合を設立。養豚や果物栽培のほか、水力発電への出資などで「ニワトリを借りて卵を産ませ、ふ化させてニワトリとする」(中国紙)とのやり方で雪だるま式に利益をあげた。二〇一三年は前年比六割も多い千三百万元(約二億二千百万円)の利益をあげた。

中国では今や、都市と農村の所得格差が実際には三十倍もあるという過酷な現実を前に、村人たちの才覚で大きな現金収入を得られるようになった成功例である。

中国で有名な金持ち村といえば、江蘇省の華西村。村長のリーダーシップで貧しい農村を五十年で「中国一豊かな村」に発展させたとして有名であり、建設村は「涼山の華西村」と呼ばれ始めているという。だが、こうした成功例はまれであり、だからこそマスコミにも取り上げられているのである。

■都市の貧富差、実に240倍

それでは、都市と農村の格差とはどのようなものであるか、検証していきたい。

二〇一三年八月、中国都市部の格差の問題について、北京大学が衝撃的な調査結果を公表した。都市部の最富裕層(上位5％)と最貧困層(下位5％)の世帯年収を比較したところ、二百四十二倍もの格差があるということが判明した。

北京大学の研究者は「既得権益層が構造改革に徹底抵抗していることが原因である」と分析し、「格差がこのまま拡大し続けるなら動乱につながりかねない」と、深刻な見通しを示した。この調査は、二〇一二年に中国全土の約一万五千世帯を戸別訪問して聞き取り調査したものだという。

前回の二〇一〇年の調査では最富裕層と最貧困層の格差は約八十二倍であり、わずか二年間でその差が三倍になったという驚くべき結果だった。

二〇一三年春に北京の人民大会堂で全国人民代表大会(全人代)を取材した。開幕日の会議終了後、何十台もの外国製高級車がひしめくように人民大会堂の裏口に向かうのを見た。温家宝首相の政府活動報告を聞き終え、党や政府の幹部が帰路を急ぐ様子だった。

温氏は演説で「所得分配の格差を縮小して、発展の成果の恩恵がより多く、より公平に全人民に行き渡るように」と、甲高い声を張り上げた。会場に響いた「公平」のかけ声と、人民代表の高級車群の対比こそ、中国が抱える格差の矛盾をさらけ出していたのではないか。

温氏は、有人宇宙飛行や北京五輪に成功したと胸を張ったが、任期中に十分民心に応えて人民大会堂を去ったとはいえない。「胡・温時代」の十年の急速な経済成長で国の歳入は六倍になった。その果実がまさに公平に民に行き渡っていないのが最大の問題である。英国紙は、全人代代表のうち三十一人が十億ドル(約一千億円)以上の資産を有すると報じた。

だが、指導者の思いとは裏腹に、改革開放政策と市場経済化が複雑にからみあって生み出された格差は、今や解消するのが絶望的なレベルになってしまったといえる。

「改革開放の総設計師」と言われた鄧小平氏は、進んだ沿海部が先に経済的に豊かになり、その後、後れた内陸地域の発展を応援すべしとする「先富論」を説いた。だが、沿海地域は豊かになったものの、そこで起こったことは、鄧の〝遺訓〟を裏切る現実であった。

豊かになった既得権益層はひたすら私利私欲を図ることに狂奔し、おくれた地域や後から来る人たちを支援することには目もくれなかった。

■〝水分〟が多い統計数字

こうして中国の格差はとめどもないレベルになった。

中国国家統計局が二〇一四年一月に発表した二〇一三年の中国のジニ係数は0・473だった。ジニ係数は0から1の数値で示され、0ならみんな所得が同じことを意味し、1に近いほど格差が激しいことを示す。二〇一三年の0・473というジニ係数は、社会不安が起こる警戒ラインとされる0・4を大きく超えるものだった。日本のジニ係数は0・336である(二〇一〇年)。

実は、中国政府は二〇〇〇年に0・412とするジニ係数を公表したが、それ以降は対外的に口をつぐんできた。関係者によると、二〇〇三年のジニ係数は0・479で、二〇〇八年に0・491とピークを迎えたが、それ以降はジニ係数は下がっているという。だが、中国の研究者の間でも、ジニ係数は過小評価されているとの見方が強い。

国家統計局の馬建堂局長は、ジニ係数を継続的に公表してこなかった理由について「高所得者層の本当の収入情報が入手しにくく、現有の資料から計算すると実態とかけ離れているように思うので、都市住民のジニ係数は公表しない」と説明していた。

灰色な部分が多い高所得者層の収入は政府が把握しているより多いのは確実であり、格差の実態はもっと深刻だと見る人は多い。

北京特派員のころ、当時の朱鎔基首相が記者会見で「中国の統計数字には水分が多い」と、怒りを込めて数字のごまかしを批判したことがある。「水分」が多くなるのは、地方政府から党中央や政府への経済的な報告実績が、地方幹部の出世に直結するからである。

朱氏の言葉を聞いて、中国では地方などから中央に報告される統計数字にウソやごまかしが多いことを、首相自身が率直に認めたことに驚いたものだ。

■「国の主人公」は社会下層

中国の格差がこのように大変な危険水域にあるのは間違いないが、最も深刻なのは都市と農村の格差である。公式の統計でも、都市と農村の所得格差は三倍程度とされるが、実際はその十倍の三十倍はあるのではないかと言われている。

中国政府のシンクタンクである中国社会科学院が二〇〇二年、「当代中国社会階層研究報告」を発表し、大きな反響を呼んだ。

報告は、五つの社会経済的等級と十の社会階層に分けて、中国の階層構造を説明した。十の社会階層の中でトップに位置づけられたのが「国家・社会管理職層」であり、「管理職層」や「私営企業主層」などが、それに続いた。「労働者層」は下から三番目、「農業労働者層」は下から二番目に位置づけられた。最底辺にあえいでいるのは「無職・失業者層」であった。共産党の本来の理念から言えば、国の主人公であるはずの労働者や農民が社会階層の下層にあることを、政府のシンクタンクが認めたことは衝撃的であった。

そしてこのような都市と農村の格差を生み出した大きな要因が、「城市戸口(都市戸籍)」と「農村戸口(農村戸籍)」に分けて、厳しく社会を管理した戸籍制度であったといえる。

中国では、一九五八年に「戸口(戸籍)登記条例」が設けられた。その最大の特徴は、都市と農村の人口移動、とりわけ農村から都市への流入を厳しく制限することであった。

最も根本的な目的は、農民を農村にしばりつけて都市への安定的な食糧供給を図ることと、農民の都市流入による治安の悪化を防ぐことであった。農村戸籍の人たちが都市戸籍を取るには、軍隊入隊や大学入学などの方法以外には、ほとんど道が閉ざされていた。

都市住民は、年金、医療、教育、住宅などの面で手厚い社会保障を受けられたのに対し、人民公社時代の農民は集団によるわずかな社会保障しかなかった。

まさに、戸籍制度によって、中国の国民はさまざま特権を享受する都市住民と、その犠牲として踏みつけにされてきた農民の二元管理を受けてきたといえる。

都市住民と農民を厳格に分けることを基本にスタートした戸籍制度だが、文化大革命が終わった後、その制度は幾度かの緩和と締めつけの波にさらされた。

大きな転機は一九八四年の党中央による「農村工作に関する通知」であり、農村から都市への移動制限はやや緩和された。おおまかに言えば、政府は農民が自分で食糧の問題を解決できるなら、暫定居住証などを取得して、都市に出稼ぎに行くことを許した。沿海部の外資企業や私有企業などが農民を雇用する受け皿となった。

だが、当初は膨大な農民が都市に流れ込んで社会の混乱を招き、差別的な意味も込めて「盲流」と呼ばれた。その後は「民工潮」と表現されるようになった。こうした出稼ぎ農民の急増に対し、大きな転機となったのが一九八九年の天安門事件であった。

学生の主導で始まった民主化運動に、多くの出稼ぎ農民らが合流して収拾のつかない騒乱になったことに、党や政府は危機感を抱いた。事件から半年後、政府は都市戸籍を持たずに都市に住む農民を農村に送り返す政策へとカジを切った。

再び戸籍制度が緩和されたのは、鄧小平氏が改革開放を加速するよう呼びかけた一九九二年の南巡講話の後である。

一律に都市戸籍が開放されたわけではないが、地方政府や都市が、住宅購入や高額納税などさまざまな条件の下で、居住証や都市戸籍を与えるなどの政策をスタートさせた。

近年の政策では「重慶モデル」というのが有名である。都市に居住して三年間の猶予期間中に農地を放棄する農民には都市戸籍を与えることを柱とする政策で、「戸籍と土地の交換」とも言われた。

このように、地方政府などが時代の要請や地方の実情に応じて、戸籍制度の運用面での弾力性を高めているのは事実である。一方、戸籍制度による都市住民と農民の差別的な管理は、多くの偽戸籍を生み出す土壌にもなっている。

二〇一四年一月の中国紙などの報道によると、中国公安部の黄明副部長(次官)は陝西省で開かれた戸籍管理部門の公安関係職員との座談会で「昨年から全国で戸籍の徹底調査をした結果、七十九万の重複戸籍の存在を突き止め、違法な手続きにかかわった職員を処分した」と明らかにした。

危機感を強めた公安当局は、偽の戸籍や身分証発行にかかわった公安関係職員を懲戒解雇し、刑事責任を追及すると通知した。黄副部長は「みだりに証明を発行する問題と、発行すべきなのに手続きしない問題を根絶する」とも述べた。これは、金銭を受け取って偽の戸籍や身分証を発行することを厳しく戒めたほか、公安職員が恣意的に証明発行を拒むケースが多いことに警鐘を鳴らした形だ。

■本質は農民への身分差別

胡錦濤政権の時代に中国では、「三農問題」ということがしきりに提起され始めた。簡単に言えば、農業、農村、農民の三つを指すが、農民の問題とはいかなるものなのだろうか。

これについて、二〇一三年三月、北京大学に近い郊外のレストランで会食しながら取材した時に、北京大学の王新生教授は「農村問題の本質は、社会的な身分差別だ」と明確に言い切った。

つまり、中国では農民というのは農業に従事する人という単純な意味だけではなく、「農民という身分」をあらわす。しかも、それが党や国の戸籍制度によって、差別され虐げられた「2等公民」として不当に位置づけられてきたということなのだ。

改革開放政策が始まる前の一九七〇年代後半、中国の都市人口は二割を切っていた。裏返せば、中国は人口の八割を農村人口が占める農民大国であった。

都市化進展の大きな節目は二〇一一年であった。国家統計局は、中国の都市人口は二〇一一年末に約六億九千万人に達し、約六億五千六百万人の農村人口を上回ったと発表した。だが、同じ時期の「二〇一一年中国農民工調査報告」によれば、出稼ぎ農民である「農民工」は約二億五千二百七十八万人であったという。これは前年比で千五十五万人増えており、五十歳以上の農民工が約14％を占めるなど高齢化も深刻である。

最も大きな問題は、農民工は農村に戸籍を残しながら都市で生活しており、都市住民が享受している各種の行政サービスを受けることができないことである。社会保障の恩恵も極めて薄い。さらに、農民工の子弟は都市に戸籍がないため、就学や就職で差別的な扱いを受けることも多かった。

首都北京や上海では二〇一一年、戸籍とは関係なく都市の学校に入学できるようにし、農民工たちが自身の子弟のために金を出し合って作った農民工学校を廃止する政策に踏み切った。だが、戸籍制度による恩恵はいまだに都市住民に厚い。例えば、名門北京大学の入学試験で、北京市戸籍を持つ受験者のボーダーラインは、他の都市や農村の戸籍を持つ受験者よりかなり低いという。

農民工とは別に、農地を失って農村を去った失地農民の問題も深刻だ。今や二億四千万人以上にもなったといわれるが、地方都市に住みながらも農村戸籍のままという矛盾が残る。農民工と同じように都市では社会保障の対象になっていない。

あくまで統計上は、都市人口と農村人口がほぼ同じになったものの、社会保障は都市住民に極端に手厚いのが実情だ。

二〇一三年八月二十日付の中日新聞によると、共産党指導部が政策指針としている党理論誌は「社会保障分野での財政支出は農村部が全体の10％余りなのに、都市部には90％が支出され、一人当たりの財政支出では格差が二十倍を超えた」と警鐘を鳴らしたという。

豊かになった成長の果実は都市住民ばかりが享受している。農村に生まれたというだけで社会的に差別されるような二元管理は、社会の安定という歴史的な役割を終えたといえる。

■滅亡は農民蜂起から

戸籍制度を通じた都市と農村の二元構造で安定を維持してきた中国社会も、今や大きな曲がり角を迎えている。都市に流れ込んだ農民工は十分な社会保障を受けられないまま、低い収入に甘んじ、都市住民との格差に、心に深く恨みの気持ちを募らせている。

中には、農村で耕作する土地を失った失地農民として故郷にも戻れず、都市で困窮民となる人たちも多い。こうした農村出身の都市の貧困層は、社会の大きな不安定要因である。

彼ら彼女らが、いつまでたっても解消されないどころか、ひどくなるばかりの格差に堪忍袋の緒を切らせ、党や政府にキバをむくようなことがあれば、今の中国にとって最大の試練となろう。

中国の農村では、両親が出稼ぎに行ってしまったため、農村で祖父母らと暮らす留守児童が六千万人を超えるとの実態が、二〇一四年二月に明らかになっている。

年間少なくとも三カ月は父母に会えないと「留守児童」とされるが、中華全国婦女連合会が二〇一三年に調査公表した最新統計では、留守児童は六千百万人に上り、これまでの推計四千万人を大きく上回るという。農村地区の児童の約38％、全国の児童の五人に一人が留守児童との計算になる。

都市戸籍のない出稼ぎ農民は二億五千万人にも達するが、都会で子女教育、社会保障などで差別待遇を受けるため、子どもたちを農村に残すことが多い。

祖父母や親戚が農村で面倒をみられない場合は、都市へ流出してホームレスになってしまうこともある。学識者は「父母の愛情や養育を十分に受けられないため、心身の健康や学業にも悪影響が出ている」と、警鐘を鳴らしている。

子どもたちの悲劇も相次いでいる。二〇一二年十一月には、最貧省の一つである貴州省で、大型のゴミ箱の中で暖を取ろうとした男児五人が一酸化炭素中毒で死んでいるのが見つかった。中国では「留守児童は出稼ぎ農民の家庭が選んだ個人的な問題でなく、戸籍制度を含む政治の問題である」との批判が出ている。

むろん、中国指導部の危機感も強い。

二〇一四年三月の全人代で、李克強首相は「三農問題をしっかり解決することをすべての活動の最重要課題とする」と力を込め、特に「留守児童、夫人、老人や過疎村の問題を大いに重視する」と、農村の留守児童問題にも言及した。

戸籍制度については、二〇一三年の全人代で、温家宝氏が「戸籍制度と社会管理体制および関連制度の改革を速め、農村から転出した人々を秩序よく市民化させるとともに、都市部の基本的公共サービスを徐々に常住人口に行き渡らせ、人々が自由に移転して安定した生活を送れるよう公平な制度的環境を創り出す」と述べた。

中国政府はこれまでも、「戸籍の一元化」などの政策を模索してきたようだが、農村戸籍が廃止されれば大量の農民が一気に都市に流入し、社会が混乱する恐れもある。

中国の戸籍制度は社会の安定に直結しており、まさに、その改革は「言うは易く行うは難し」の典型のような課題である。

見直さなければ、中国社会にとって、いずれ大爆発を招きかねないマグマのようなものでもあるが、改革には知恵が必要であろう。住宅購入や高額納税などの条件で、居住証や都市戸籍を与え始めている地方政府や都市の例は参考になるだろう。

中国当局もようやく腰を上げ、新たな政策を打ち出した。

二〇一四年三月、共産党と政府は、二〇一四年から二〇二〇年までの都市化計画を発表した。農民の都市部移住を促したり、既に都市部に住んでいる農村出身者に都市戸籍を与えたりすることなどを通し、低所得層を中心に生活改善を図るのが狙いだ。

中国各紙によると、現在のところ53・7％となっている都市部居住比率を二〇二〇年に60％に引き上げ、現在36％にとどまっている都市戸籍保有比率を45％に引き上げるとの計画である。

何よりも、戸籍制度から社会保障や教育、就職などのさまざまな権利を切り離すことが肝要ではないだろうか。そのうえで、戸籍に関係なく居住地をもとに等しく行政サービスを受けられる制度に見直していくことが必要である。

中国の歴史を振り返ってみれば、統一王朝の滅亡は、ほとんど農民蜂起が引き金となっている。中国史上初の大規模な農民反乱である陳勝・呉広の乱により、始皇帝が築き上げた秦は滅亡した。栄華を誇った唐も黄巣の乱によって息の根を止められた。

農村が安定しなければ社会の大混乱につながるのが中国の歴史である。都市と農村の想像を絶するような格差は、現代中国を大きく揺さぶりかねない。

第6章

危険水域の食品、環境

深刻な大気汚染に悩む中国。
ビルの17階にある中日新聞上海支局から
のぞんだ、かすむ上海市内の様子

(2014年1月、筆者撮影)

■うどん屋のおかみの忠告

上海に赴任する直前、中日新聞名古屋本社近くの行きつけのうどん屋に、論説主幹と一緒に出かけた。名物のカレーうどんに舌鼓をうちながら、主幹が店のおかみさんに「加藤君がまもなく、三度目の中国駐在に行くよ」と話しかけた。

おかみさんの反応には、心底驚いた。「絶対やめなさい。健康あってこその仕事だよ。今の中国には絶対行くものじゃないよ。考え直しなさい」と。

心から、私の健康を気遣ってくれているのはよく分かった。本当にありがたいと感じたが、日本の市井の人たちが、中国の大気汚染をこれほど深刻に受け止めていることに、正直びっくりした。

二〇一四年一月に赴任した上海の大気汚染は、予想したほどではないというのが実感だった。上海市では私の赴任直前の十二月初旬、微小粒子状物質「PM2・5」を含む大気汚染指数が、六段階で最悪の「深刻な汚染」となり、「上海の汚染度が北京を超えた」との報道が相次いでいただけに、相当な覚悟をしていたからでもある。

だが、春節(旧正月)の休暇を前に、おおみそかにあたる一月三十日、大気汚染物質の値が前日に比べて急上昇した。

上海の浦東国際空港では朝方に視界が五十㍍《メートル》程度にまでひどくなり、空の便が大幅に乱れた。高速道路もあちらこちらで通行止めとなった。

中国では、おおみそかから元日にかけ花火や爆竹で盛大に春節を祝う習慣があるため、上海市の環境保護局などは政府機関、国有企業、学校、病院などに、率先して花火や爆竹をしないよう厳重な注意を呼びかけた。気の早い人たちがおおみそかを前に爆竹を始め、上海では一月二十九日午前に四〇マイクログラム程度だったPM2・5の値が三十日午前には環境基準(一日平均七五マイクログラム)の三倍近い二〇六マイクログラムへと五倍以上はねあがった。

上海市の楊雄市長は二〇一四年の市全国人民代表大会で「大気汚染は突出した問題」と危機感を示し、国内総生産(GDP)の3%を環境保護にあてる政策を表明した

■一日でたばこ21本と同じ

「北京に一日滞在すれば、たばこ二十一本を吸うのと同じ悪影響がある」。二〇一三年初めには、中国誌「新民週刊」は、北京の大気汚染についてこのような調査結果を報じた。

この年の一月だけで二十六日間もスモッグにおおわれた北京の大気汚染について、中国紙

は「この六十年間で最悪」と伝えた。

中国環境保護省は一三年二月、内部会議の報告をウェブサイトで公表した。それによると、一月の大気汚染は中国全土の四分の一に及び、人口の半数近い六億人に影響が出たという。大気汚染の主な原因は、自動車の排ガスや工場のばい煙、暖房用に燃やす石炭などだ。中国の自動車保有台数は一億台を突破し、十年前と比べて五倍以上になった。

何よりも、環境より成長とばかり、有効な排ガスやばい煙規制をせず、無秩序な生産活動を許してきたことが根本的な問題である。北京五輪の前に、市内の工場群が郊外に移された。だが、環境対策は十分ではなく、今や郊外から汚染物質が流れ込んでいる。

これほどまでに北京の大気汚染に耳目が集まったのは、汚染の度合いがこれまでになくひどかったからだけではなく、ＰＭ２・５という目新しい大気汚染物質がメディアをにぎわせたからであろう。ＰＭ２・５は、直径２・５マイクロメートル（マイクロは１００万分の１）以下の微小粒子状物質のことを言う。大量に吸い込んだ場合、肺がんやぜんそくなどを引き起こす恐れがあると専門家は指摘している。

特に、中国では、日本や欧州より十五倍も高いといわれる硫黄分を含む質の悪いガソリンが使われているため、ＰＭ２・５による汚染が大きな社会問題になった。

北京大学などの研究では二〇一二年、ＰＭ２・５が原因で、中国全土で八千五百人が早死にしたというデータすらある。中国医師協会などの調査では、北京、上海、広州など大都市の77％の住民に呼吸器系の何らかの異常が見つかったという。これも、ＰＭ２・５が主な原因とみられている。

ＰＭ２・５の問題は日本にとっても対岸の火事ではなかった。西から東に向かって吹く偏西風が、冬場は南に下がって吹くため、中国から汚染物質が日本に流れ着きやすくなり、日本国内でも高性能マスクを着用する人が増えた。九州などで基準値を超えるＰＭ２・５が測定されたとの報告がある。黄砂と同様に、汚染物質が偏西風に乗り日本や韓国へ拡散する恐れがある。

中国政府は大規模工場の操業停止を命じ、ようやく排ガス規制の強化にも乗り出した。だが、環境対策はまだ不十分である。

日本も半世紀前には公害問題に苦しんだ。日、中、韓は一九九九年から毎年、環境相会議を開き酸性雨対策などを話しあってきた。ＰＭ２・５や越境汚染など、新たな環境問題には、東アジア全体で取り組む努力も必要だろう。

■「やるかやらぬか」は政治の意志

ＰＭ２・５の脅威が吹き荒れたのは二〇一三年の初春だったが、実は、ＰＭ２・５は最近になって出現した大気汚染物質ではないという。

二〇一三年六月二十八日、中日新聞社の主催により名古屋市内で開かれた「中日懇話会」で、国立環境研究所の新田裕史・環境健康研究センター長は「ＰＭ２・５の正体」をテーマに講演。「研究所では十年以上前からＰＭ２・５を研究する組織を作っていた」と明らかにした。

新田センター長は「今年一月から、マスコミが盛んに取り上げたが、過去二年と比べて特に高い濃度ではなく、人々が次々に死亡する状況ではない」と、冷静な対応を呼びかけた。特に、ＰＭ２・５による健康被害が強調されていることについては、「病気の原因は複数あり、真の原因の特定は困難である。さらに、人によって感受性の違いもある」と説明した。科学者として、必要以上にＰＭ２・５を恐れる必要はないとの冷静な提言であろう。

一方、中国に対しては「ＰＭ２・５については各国が基準を設けている。中国も基準があったが、それが守られずに問題がおきた」と、厳しく批判した。

その基準も、中国は日本と比べて甘いと言わざるをえない。環境省の基準では、大気中の濃度は年間平均1立方メートルあたり15マイクログラム以下とされる。これに対し、中国は年間平均で35マイクログラムと、二倍以上の濃度を許容している。

さらに、環境問題について、中国政府がどう取り組むかという姿勢の問題もある。

新田センター長は「実は中国の大気汚染の研究レベルは日本と同じぐらい高い」と明かしたうえで、「(規制を)やるかやらないか、政治の意志の問題です。環境に配慮しない経済の不経済性も考えてほしい」と述べた。

経済成長優先で、環境対策を先送りしてきたつけが、大都市の八割近くの住民に健康被害をもたらしたということは否定できないだろう。

さらに言えば、政治とエネルギー業界の密接な関係が、業界の利益を優先させ、環境対策を遅らせたという点も指摘せざるをえない。現在の中国指導部で党内序列ナンバー7の張高麗・政治局常務委員は、国有石油大手の中国石油化工(シノペック)の出身である。引退した周永康・前政治局常務委員は別の国有石油大手の中国石油天然ガス(CNPC)のトップを務めたこともある。

共同通信の報道によると、中国政府は、ガソリンや軽油など自動車燃料の環境基準を日本や欧州連合(EU)並に厳しくする方針を決めたという。新たな基準を二〇一七年までに全土で適用し、PM2・5の原因である硫黄を削減するとの計画だ。「政治の意志」を強く打ち出し、国民の健康を守ることに全力を挙げるべきであろう。

■「がん村」の存在認める

中国の環境問題で深刻なのは、大気汚染だけではない。

環境保護省は二〇一三年二月、二〇〇八年から二〇一一年までの四年間に、同省に通報があった環境汚染は五百六十八件であったと発表した。半数は危険な化学製品による汚染であり、海や河川への違法な垂れ流しや、輸送中の事故などがあるという。環境保護省は、飲用水の汚染が原因で、がん患者が特定の地域に集中する「がん村」の存在も認めた。河南省や浙江省など沿岸部や内陸の工業地帯を中心に二百ヵ所以上もあるという。

こうした事態に、中国指導者の危機感は強い。温家宝前首相は最後の全人代演説で、任期後半の五年間で国内総生産（GDP）は二倍になり経済的には成功したが、環境や食の安全などの問題も少なくないと自己批判した。

温氏は「空気や水、土壌など環境汚染の解決を決意し、実際の行動で国民に希望を与える」と訴えた。温氏を引き継いだ李克強首相も、温発言に呼応するかのように、二〇一三年春の全人代の閉幕会見で、環境や食の安全など国民の関心が高い問題に率先して取り組む姿勢を強調した。中国の新旧首相が全人代の場で、声をそろえて環境問題に対する積極的な取り組みに力を入れると強調したのは、それほど環境汚染が深刻であるからだ。李氏は、特に食の安全については「生活の質と健康に直結する」と危機感をにじませた。

国民の環境問題に対する意識の高まりも、こうした指導部の変化を後押ししている。二〇一三年五月二日付の中日新聞によると、上海郊外で計画されていた中国最大規模の電池工場建設に、地元住民が反対運動を始め、一万人以上の署名を集めたという。

共産党一党独裁の中国で、こうした自主的な住民運動は容易ではない。だが、特に身近な環境問題について、問題意識を高めた住民が抗議行動により、工場建設を中止に追い込むケースも増えているという。二〇一二年には江蘇省南通市や浙江省寧波市で、排水管工場や化学工場の建設反対デモが起き、計画の撤廃に追い込まれた。

■「食をもって天となす」なら

食の安全の問題も深刻だ。日本人十人が中毒症状を起こした冷凍ギョーザ事件の判決公判が二〇一四年一月にあり、河北省石家荘市の中級人民法院は「不特定多数の人間に健康被害を与えた極めて悪質な行為」として、無期懲役の判決を言い渡した。

公判で、被告は注射器で農薬成分のメタミドホスをギョーザに混入させたとの罪を認め、工場での待遇に対する不満が犯行の動機であったと明らかにした。確かに中国の格差は想像を絶するほどひどい。だが、食品工場で働く者が自社製品に農薬成分のメタミドホスを混入させるなど、断じて許されない行為である。

ギョーザ事件のように、待遇への不満が理由で食の安全を害するようなケース以外にも、河北省では金もうけのため、多くの乳児の命を奪う事件も起きている。石家荘市の大手企業、三鹿乳業が有毒物質メラミンを混入させた粉ミルクを製造し、全国で数万人規模といわれる乳児に脳障害などの被害が出た。少なくとも五人の乳児が命まで奪われた。

中国の食品汚染の実態は、その真相を知れば、まさに戦慄すべきものである。北京在住のジャーナリスト、周勍《けい》氏は食の安全の問題にいち早く注目し、食品汚染の実態と背景に切り込んだ『民以何食為天—中国食品安全現状調査』(中国工人出版社)というタイトルの本を世に問うた。

周氏がえぐり出した汚染の実態をいくつか紹介してみたい。

『赤みの多い豚肉が好まれるようになったため、肉赤身剤としてぜんそくの治療薬が使われ中毒事件が多発している』

『下水のゴミ油やレストランの残飯に含まれる油に、簡単な加工処理をして抽出してできた油(地溝油)が、街の屋台や料理屋で使われている』『工業用ゼラチンと化学品でつくったニセのフカヒレが出回る。工業用アルコールでつくったニセ酒を飲み、三十六人が死亡した』

著者はこうした、にわかには信じられないような食の汚染の背景にも、鋭く切り込んでいる。それは、改革開放政策による金もうけ第一主義のまん延、文化大革命など悲惨な歴史の中での社会的なモラルの崩壊、利益集団と腐敗した役人の結託などであるという。

特に著者が「悲惨な歴史」が生んだものとして指摘する、中国人の精神構造の変化は興味深い。著者は、中国社会が文化大革命にほんろうされた歴史や、鄧小平氏の「先富論」で拝金主義がまん延したことなどを踏まえ、こう解説する。

「中国人は貧富、左右、善悪、正邪の号令をされるたびに、全員がその号令に従って動き、その結果、人間としての『個』(根っこ)を失ってしまった」

その帰結として、中国人の学者は周氏の分析を以下のように読み解く。

「そして結局、中国の社会全体が誰をも信じず、社会を信じず、国を信じず、明日を信じず、の症状を呈するに至った。例えば、金もうけのためなら後先を考えず、友人親戚や世間の人々の迷惑などを考えず、資源の掘り尽くしを考えず、環境破壊を考えずに、無分別にやってしまう症状なのである」

著者は、中国人が自身の根っこともいえる恥、良心、善悪の分別などを失ってしまったことが、食の安全が悪化する一つの重要な要因になったと指摘している。

すべての中国人がそうした分別を失っているとは到底、思えない。だが、中国人自身が祖国の歴史を見つめたうえで導き出した、外部からは見えにくい興味深い視点であると思う。

周氏が告発した食の汚染の事例は、主に二〇〇六年までのものである。だが、食の安全を脅かすような事件はその後、減るどころかさらに増え、悪質にもなっているのが実情だ。二〇一三年の春には、広東省で有害物質のカドミウムに汚染された米が流通していたことが明るみに出た。

飲み水の汚染も深刻だ。共同通信によれば、中国で二千万人近くがヒ素に汚染された地下水を飲んでいる可能性があるとの研究成果が二〇一三年八月、米国の科学誌サイエンスに発表された。中国の衛生当局が行った井戸の含有量の調査結果を基に、中国とスイスの研究グループが、地質や人口などのデータを計算式に入れ、全土のヒ素汚染を推計したという。

中国人の食に対する思いは、多分にユーモアを込めた誇張的な表現で「四本足なら机以外、空を飛ぶものであれば飛行機以外は何でも食べる」とまで言われる。古典をひもとけば、漢書には「王は民をもって天となし、民は食をもって天となす」との言葉がある。中国人はそれほど食を重んじる民族であり、為政者は民の食を満たしてこそ国を安定的に治めることができるのだ。

周勍氏の鋭い指摘は、中国指導者には耳が痛いであろうが、謙虚に耳を傾け、まさに国民が「天となす」食の安全をきちんと確保できるよう全力を傾けてほしい。日本にとっても、中国から入ってくる食品の汚染は大きな社会問題であり、無関心ではいられない。

■原発推進へと再びカジ

中国で環境問題が深刻になった最大の原因は、「世界の工場」として石炭や石油などのエネルギーを大量に消費したことである。その反面、工場などの労働基準の改善は進まず、環境対策はコストがかかるという理由で先送りされることが多かった。その結果、環境汚染は、大気だけでなく水や土壌などあらゆる分野に及んだ。

化石燃料を消費することで生じる有毒な排ガスである二酸化硫黄の排出量が増加し、呼吸器系の病気が増えている。主要な河川の七割以上が汚染されているといわれ、安全な水の確保も難しい。土壌も重金属や有機物質で汚染されている。

さらに中国の環境問題の中でも国際的な影響が大きいのは、地球温暖化の問題である。中国政府は二〇二〇年までにＧＤＰ当たりのエネルギー消費量を二〇〇五年比で40～45％削減するという目標を掲げた。だが、温室効果ガスを削減する総量目標は掲げておらず、今後の経済成長により、中国の総排出量は目標の二〇二〇年までに現在の二倍程度になるとの予測もある。

十三億人以上の人口を抱える中国の経済発展に伴う環境問題は、地球的規模での問題になるリスクをはらんでいる。

日本では一九六〇年代に公害問題が発生し、大きな社会問題となった。日本は公害の苦い経験からいろいろな教訓を学び、公害との戦いの中で先進的な環境技術や政策を生み出してきた。日本から半世紀遅れて深刻な環境問題に直面している中国に、そうした技術や政策は大きな参考になるであろう。

中国の原発事情にも触れておきたい。中国では二〇一四年五月の段階で、十カ所の原発が稼働し、十一カ所が建設中、二十五カ所が計画建設中(中国核電信息ネットによる)であるという。

福島第一原発の事故は、原発を抱えるアジア諸国にも衝撃を与え、中国は一時、新たな原発計画の審査を凍結する方針を決めた。

だが、二〇一二年十二月、中国原子力産業協会の理事長が「今後数年間にわたって原子力エネルギーを増産する」と宣言し、再び原発推進へとカジを切った。

中国では建設中の原発が多くあり、今後とも高い経済成長を持続的に支えるため、原発大国の道を歩むのは間違いない。だが、過去には広東省の原発での事故隠しなども明るみに出た。また、巨額資金が動く原発は汚職の温床にもなっている。

日本では原発の安全神話がもろくも崩れた。中国もさらなる安全確保はむろん、万一の事態が起こった際の情報公開など透明性の確保が大きな課題となろう。

第7章

「中南海」権力闘争の裏側

わが子や兄弟姉妹が大地震で崩壊した
学校校舎の下に生き埋めになり、泣き叫ぶ住民たち

(2008年5月、四川省都江堰市、筆者撮影)

■中国「五権」を握った男

「中南海」という言葉をお聞きになったことがあるだろうか。狭い意味では北京の故宮(紫禁城)の西側に広がる中海と南海という二つの湖のことをいう。

北京中心部を東西に貫く目抜き通りの長安街を西へ走り天安門を過ぎると、中南海の正門にあたる新華門が北側に見える。

この中南海こそ、中国に関係のある仕事の人たち、特にチャイナ・ウオッチャーには特別な響きをもつ言葉でもある。

それは中国共産党や政府の要人の居住区であり、執務をする場所でもある。

日本であれば「永田町」、米国なら「ホワイトハウス」、ロシアなら「クレムリン」など地名や建物の名前にとどまらず、その国の権力中枢をさす言葉として使われる。

中国では一九二八年、国民政府が南京に遷都した後、中南海は一時、公園として一般に開放された。その後、一九四九年に中南海には新中国の共産党本部や国務院が置かれ、毛沢東や周恩来が執務する「竹のカーテン」の向こう側として、再び庶民には無縁の地となった。

二〇一四年、名実ともにその中南海で主の地位を固めたのが習近平国家主席である。

国家主席、共産党総書記、党中央軍事委員会主席の三権に加え、二〇一三年秋の第十八期中央委員会第三回全体会議(三中全会)で発足が決まった「改革の全面深化指導小組」と「国家安全委員会」のトップにも就任した。

二〇一四年春の全国人民代表大会(全人代)は象徴的だった。習氏に次ぐ党内序列ナンバー2の李克強氏は初めて担った首相としての政府活動報告で「我々は習近平同志を総書記とする党中央を中心にしっかりと団結し(後略)」と、何度も習氏の名前に言及して持ち上げた。演説の最後は「中華民族の偉大な復興という中国の夢の実現に向けて奮闘努力していこうではないか」と、習氏の持論である「中国の夢」で締めくくった。

胡錦濤主席、温家宝首相時代は「胡・温新政」と言われたこともあるが、李氏の演説はまさに「習近平時代」の幕開けを、ナンバー2が認めたような印象であった。

習氏は中国の「五権」を掌握し、近年ではカリスマ指導者として君臨した鄧小平氏並みの権力を握ったともいわれる。だが、ここまでの道のりは平たんではなかった。

■場慣れした様子の習と李

中国で近年最大の政治の節目は、習近平体制が発足した二〇一二年十一月十五日であった。これに先立つ八日から十四日まで、中国共産党の第十八回党大会が開かれていた。

最大の政治の節目と言う意味は、中国の党大会は五年に一度しか開かれず、党大会を経て選ばれた新指導部は、大きな波乱がなければ二期十年にわたって、党と国を率いていくことになるからだ。

もう少し詳しく言えば、党大会で政治局の中央委員や中央委員候補計三百七十六人が選ばれ、新たな中央委員らによる第十八期第一回全体会議が開かれた。

そして、習近平氏をトップとする指導部が発足した。

一九四九年の新中国建国以降、一貫して執政党として中国を指導する共産党のトップこそ名実ともに中国のトップなのである。党大会での総書記交代を経て、十年間続いた胡錦濤体制に代わり、習近平体制がスタートしたのである。

新しい指導部の顔見せともいえる、選出直後の記者会見を振り返ってみたい。

北京の人民大会堂のひな壇には、最高指導部に選ばれた政治局常務委員の七人が、習氏を先頭に党内序列順に赤じゅうたんを踏みしめて入場してきた。

胡時代には政治局常務委員は九人いたが、十八回党大会では二人減員の七人となった。

七人の政治局常務委員のうち、留任したのは総書記になった習氏と李氏(現首相)のみだった。二人は場慣れした様子で手を振って入場した。

一方、残る五人は緊張を隠し切れない様子で、じゅうたんに張られた立ち位置を示す番号を確認しながら、習氏を中心にその左、右、左、右と順に並んだ。党内の序列は非常に重い。習氏（五九）に続く序列ナンバー2は李克強氏（五七）、ナンバー3は張徳江氏（六六）、その後は兪正声氏（六七）、劉雲山氏（六五）、王岐山氏（六四）、張高麗氏（六六）と続く。（年齢はいずれも党大会当時）

二〇一三年の全国人民代表大会（全人代）などを経て、習氏が国家主席、李氏が首相、張徳江氏が全人代常務委員長のポストについた。

人民大会堂で新指導部の記者会見を取材した中日新聞の北京特派員によると、携帯電話は電波が届かないように規制されたが、新指導部決定のニュース速報が入るときだけは電波が通じたという。

習氏は記者団に最高指導部の仲間を紹介した後、「汚職腐敗や官僚主義という深刻な問題を必ず解決する」と決意を述べ、質問を受けつけることなく新指導部は舞台の裏に去った。

■特権的なエリート集団

さて、まさに中国を牛耳るといってもよい中国共産党について、少し説明したい。

共産党員の数は約八千五百十三万人（二〇一三年末現在、党中央組織部統計）といわれる。

私が初めて特派員として北京に赴任した一九九七年当時は約五千八百万人であった。共産党員は中国社会の特権的なエリート階層といえる。行政、司法、立法の各部門はもちろん、学校や病院などあらゆる機関の内部に、党組織を作って指導している。

この仕組みは日本人にはなかなか理解しにくい。例えば、北京市には行政機関の長としての市長と、北京市共産党委員会トップの市党委員会書記がおり、書記の方が市長より偉いのである。

中国の組織における党トップの地位について、私自身が二〇〇八年五月、四川大地震の取材で成都に行った時の経験を紹介したい。

地震の被災地は省都である成都から遠く離れており、取材のために毎日、チャーターしたタクシーで、宿泊しているホテルがある成都と被災地を往復していた。毎朝、被災地に行く前に成都の新聞スタンドで地方紙をできるだけ多く買い求め、取材できそうな参考情報を事前に仕込むことは重要な作業であった。往復すれば二〇〇キロ近い現場もあった。やみくもに駆けずり回っても、徒労に終わることが多いからだ。

ある新聞に、最も深刻な被災地である綿陽市北川県から命からがら逃げてきた妊婦が、成都の病院で赤ちゃんを産んだとのベタ記事があった。被災地から毎日のように送っていたのは、胸のつぶれるような悲しいニュースばかりであった。ことの詳細を取材したいと思い、成都市第二人民病院に駆けつけた。

最初に対応してくれたのは、看護師長にあたる女性だった。しかし、突然の外国人記者の訪問に戸惑うばかりで、手に余るとみて院長に取り次いでくれた。院長は真剣に取材依頼に耳を傾けてくれたが、最後に発した言葉はこうであった。「それは私では判断できません。病院の共産党委員会主任にお話しください」

先ほど説明したように、病院にも共産党委員会があり、その主任が病院の実権を握っている。姿を見せた主任は、五十年配の女性であった。最初は難しい表情であったが、「絶望感におおわれた街で見つけた、少しでも明るいニュースを日本の読者にも届けたい」と訴えた。偶然にも、私の妻が重慶市(現在は直轄市であるが、元は四川省の一部)の出身であることや、我々夫婦には三歳になったばかりの娘がいることなどを、写真を見せながら説明して気持ちをときほぐし、取材に応じてくれるよう説得にも努めた。

主任は最後には「その女性は赤ちゃんを産んだばかりで体力を消耗しており、衛生面から言っても、毎日被災地で取材しているあなたと直接会わせるわけにはいきませんが…」と言いつつ、主任が私の質問を取り次ぐ形で取材することを認めてくれた。妊娠九カ月の陳さんという女性は余震が続く中、数日間吹きさらしで救援を待ち、地震から六日目に救援されて飛行機で成都の病院に運ばれたことなどが分かった。病院に着いた翌日、帝王切開で二千七百五十グラムの男の子を産んだ。

「鎮魂の街に　新たな命」という見出しがついた大きな記事が中日新聞の社会面を飾った。女性主任の了承がなければ実現しない取材であった。逆に言えば、病院の院長ではなく、彼女だけが許可する権限を持っていたのである。

■ブラックボックスの選考

それでは、中国共産党と国家指導部の関係に、話しを戻したい。中国の憲法は「中国共産党が国家を領導（指導）する」と定めている。

天安門事件を受けて急きょ、中国共産党トップの総書記に選ばれた江沢民氏は、その四年後に国家主席になった。江沢民氏に続く胡錦濤、習近平の両氏は、総書記に選ばれた翌年の全国人民代表大会（全人代）で国家元首である国家主席に選ばれている。

近年では共産党トップの総書記が党と国家の最高指導者となるのが慣例となっている。江沢民氏以降の三人のリーダーは、さらに軍のトップである党中央軍事委員会主席も兼務している。

党内での選出方法に目を向ければ、先述した中央委員や中央委員候補は、党員代表による選挙で選ばれる。十八回党大会では、候補者の九割以上が当選した。だが、信任投票に近いとはいえ選挙で選ばれる中央委員らと比べ、その中央委員らによるトップ7の選出過程は、まさにブラックボックスにある。

中国の十三億五千万人の民にとって、特に八千五百十三万人の共産党員以外の人民にとっては、自国の最高リーダーが最終的にはどのような形で選ばれるのかは全く手の届かぬところにあるといっても過言ではない。

こうして選ばれた中国トップが七人と奇数なのは、議決が多数決で行われるからであるといわれる。胡錦濤時代の政治局常務委員は九人であった。習近平体制へ移行する権力闘争の中で、胡氏が七人への減員を主張したと言われる。中国筋によると、「司法や警察を統括し、強い権力を持ちすぎた党中央政法委員会書記を政治局常務委員から外すことが、胡氏の狙いであった」という。

■横並び指導者の〝兄貴分〟

政治局常務委員の意思決定のシステムについて、もう少し説明しよう。

政治局常務委員会は、重要な政策や路線について決定するほか、党や国家の重要人事を決め、重大な突発事件などでは早期に対策方針を定める。事実上の中国の最高意思決定機関であるといえる。中国筋によると、原則として政治局常務委員会は週一回開催され、決定は無記名投票や挙手の方式などで多数決で表決されるという。

多数決が原則であるということは、党総書記であろうとも特別な一票ではないということである。形式的には中国トップであっても、横並びの指導者の中の兄貴分的な役割であり、総書記とはいえ独裁は許されていない。

言い換えれば、現在の中国は共産党一党独裁ではあるが、総書記個人の独裁ではなく集団指導体制であるということである。

だが、こうした集団指導体制が確立したのは、胡錦濤氏の前任である江沢民氏の時代からであるといえる。なぜなら、それ以前の中国は、毛沢東と鄧小平というカリスマ的な指導者が率いる国であったからだ。

鄧小平氏は、毛沢東の後継者とされた華国鋒総書記を党内闘争で打倒した。自らは総書記の地位にはつかなかったものの、その後の胡耀邦、趙紫陽総書記の時代を通じて実権を握り、後に「改革開放の総設計師」といわれるような鄧小平時代を築いた。

そして、江沢民、胡錦濤という二人の総書記は、事実上、鄧小平氏の指名により中国トップの座についたわけであり、いわば、カリスマなき新中国の時代に集団指導体制に移行したといえる。

集団指導体制に移る前の中国最高指導部は、多数決の原則をとらなかったという。

中国政治の心臓部ともいえる北京の「中南海」で、趙紫陽氏の秘書として、最高機密の現場の一端を目撃してきた鮑彤《バオトン》氏が、当時の最高指導部の議決方法について、朝日新聞に興味深い証言をしている。

以下は、二〇一二年六月二十三日からスタートした朝日新聞の連載「紅の党　中南海」からの引用である。

鮑彤氏は「政治局常務委員会の会議は全会一致が原則。反対意見が出れば、原案が修正されることもあった。まとまらなければ、総書記が『放下(取り置き)』と宣言し、決定は先送りされた」と言う。

そして、まとまらない場合の対応は、こう記述される。

「指導部内の摩擦や対立は避けられない。多数決のルールを持たない当時の指導者たちが頼ったのは、最高実力者による裁定だった」

まさに、カリスマの鶴の一声で決まる政治である。そして、鄧小平が政治の表舞台を去った後に、多数決の原則が制度化されたのである。

■胡錦濤と江沢民の代理戦争

カリスマなき中国で、江沢民氏、胡錦濤氏に続き三代目の最高指導者に選ばれた習近平氏は、二〇〇七年の第十七回党大会まで、中央政界ではダークホース的な存在だった。この大会で中央委員から政治局常務委員へと出世の階段を二段飛びで駆け上がった。

それまで将来の総書記候補ナンバーワンと言われた李克強氏の序列ナンバー７を上回るナンバー６の地位をつかんだことで、世界中から注目される存在となった。二〇一二年の第十八回党大会で党トップの座についた。これまでの党トップ人事の慣例を見れば、二期十年にわたり中国を率いていくとみられる。

それでは、なぜ習氏が中国トップの座を射止めることができたのだろうか。

一言で言えば、さまざまな利益集団や人的なつながりのある派閥が妥協した結果であり、最も敵が少なく、反対されない人物であったということが最大の理由である。それに加え、地方の貧困地域でリーダーとしての手腕を発揮した人物を登用するという近年の党中央の最高幹部養成の方針とピタリと一致したという面も大きい。

まずは、利益集団や派閥の問題をみていこう。

中国共産党の最高指導部である七人については、いろいろな色分けがされる。

派閥という側面からみれば、江沢民派ともいえる上海閥に属したのが張徳江、兪正声、張高麗の三氏。胡錦濤氏の直系で、共産党の下部組織である中国共産主義青年団の幹部出身者で作られる共青団派と明確に言えるのは李克強氏ただ一人。劉雲山氏と王岐山氏は江沢民氏との関係も深いと言われるが、中間派と位置づけられている。

この布陣を見れば、驚くべきことに、中国トップの座をかち得た習近平氏と、明らかに共青団派である李克強氏のナンバー1、ナンバー2を除けば、江沢民氏の息のかかった人材ばかりである。

こうした明確な派閥とは区別して考えた方がよい集団に、太子党といわれるものがある。一般的には、高級幹部の中でも特に党政治局員クラス以上の最高級幹部の子女を総称して使われることが多い。太子党に色分けされる人たちが自ら太子党閥を名乗ることはなく、同じ境遇の者同士の仲間意識は強くても、共通の政治目的のために歩調を合わせて派閥のように行動するということは多くはないという。

従って、江沢民派と共青団派の両派閥に属するとまで言える党幹部はいないが、太子党でありながら江沢民派と共青団派の双方に近いという政治家はみられるわけである。例えば、政治局員の中で唯一の女性で副総理の劉延東氏の父は上海市の元幹部であり、劉氏は太子党に数えられることが多い。だが、本人は共青団幹部として活躍した経歴を持ち、政界では上海閥とも良好な関係を結んできた。

第十八回党大会での人事抗争を共青団派と上海閥の争いという視点で見たとき、李克強氏の総書記就任という大逆転を狙う胡錦濤氏と、自身がさらに院政を続けることのできる総書記候補を擁立したい江沢民氏の争いであったといえる。

ただ、上海閥は問題を抱えていた。最も有力な総書記候補であった陳良宇・元上海市党委員会書記が二〇〇六年に汚職事件で失脚し、自前の有力な総書記候補がいなかったことである。

■運命決めた「北戴河会議」

そこで浮上したのが、派閥とは少々趣を異にするものの、第三の勢力とでもいえる太子党の有力な政治家を上海閥として担ぎ、共青団に対抗するという図式である。その中で有力な候補となったのが、政界に敵の少ない習近平氏であった。共青団を率いる胡錦濤氏ですら反対しにくい、人当たりが良く温厚な性格は、習氏に極めて有利に働いたことは間違いない。

同じ太子党でありながら、中央政界への野心をむき出しにし、自己顕示欲の強い一匹おおかみ的な言動で反感を買った薄熙来氏が、十八回党大会を前に自らの焦りもあって自滅していったのとは対照的である。

後述するが、薄氏の中央政界への挑発ともいえる野心的な動きが、安定団結を重視する党中央の警戒感をいやがうえにも高め、習近平政権を成立させる遠因の一つになったとさえ言える。

第十七回党大会を前にした二〇〇七年夏の北戴河会議で重要人事を話し合った時、江沢民氏が当時は国際的にはノーマークともいえた習近平氏の名前を出し、習氏は一気に有力候補の一人に躍り出たという。

習近平氏の運命を決めた北戴河会議についても、少し説明しておきたい。

北京から東へ約二百八十キロ。渤海を望む河北省の避暑地として知られる北戴河では、毛沢東時代から、指導者や長老が別荘に滞在しながら、指導部人事などを密議してきた。

中国では一九八〇年代から九〇年代にかけて、陳雲(元中央顧問委員会主任)や彭真(元全人代委員長)ら引退した八人の長老が権勢をふるい、「八老治国」と批判された。こうした秘密会議の舞台の名前をとって「北戴河会議」と呼ばれてきた。

政治を進めるのに、長老の経験や知恵に学ぶべきことは確かに多い。だが、引退した長老が次の指導部人事にまで口を出しては、派閥争いがより激しくなる恐れがある。適材適所であるべき人選がゆがむようなことがあれば、さらに問題である。

胡錦濤氏は中国共産党トップに就いた翌二〇〇三年、いったんは北戴河会議をやめると決めた。密談で指導部人事や重要政策を事前に固める弊害を痛感していたのではないだろうか。だが、数年で復活してしまった。長老の猛反発があったといわれる。

習近平氏が率いていく十年間は、一党独裁の権威主義的な政治体制を改革していくことが最も重要であり、しかも、それはいばらの道となる難しい任務であろう。

二〇一三年春の全国人民代表大会(全人代)閉幕後の記者会見で、当時の温家宝首相は「経済だけでなく、政治体制、特に党と国家の指導制度改革が必要だ」と力説した。しかし、こうした考えは少数派である。

第8章

コロナ「抑え込んだ」習近平の素顔

中国 ASEAN 博覧会の開幕式で演説する
国家副主席当時の習近平氏

(2012年9月、広西チワン族自治区南寧で、新華社・AP/AP 通信社提供)

■習氏が唱える「愛される国」

中国の習近平国家主席が二〇二一年春、「愛される国をめざせ」と発言し、国際社会では「強硬外交を転換させるシグナルではないか」との期待がにわかに広がった。ただ、よく目を凝らしてみると、習氏の本音はどうもそんな甘いものではないようだ。

習氏の発言は同年五月末、共産党最高指導部の政治局常務委員らが参加する学習会の講話で飛び出した。「国際的なコミュニケーション能力の強化」をテーマにした会議で、習氏は謙虚であるべきことを強調したうえで「信頼され、愛され、尊敬される中国をめざせ」と指示したと伝えられる。

国際社会がざわめいたのも無理はない。香港の民主化抑圧やウイグル族などの少数民族に対する人権弾圧、南シナ海での実効支配の拡大など、特に、近年の中国には内政外交ともに「強権政治」のイメージが定着していたからだ。

「戦浪外交」と言われる攻撃的な外交スタイルを隠そうともせず、欧米諸国との摩擦を高めるようなふるまいすら続けてきた。

しかし、この学習会の講師が、「中国モデルの優位性」を訴えてきた上海復旦大学中国研究院の張維為院長であったことを見逃すわけにはいかない。張氏は、共産党一党支配による統治モデルが西側の選挙制度や政党政治などより優れていると主張し、対外強硬的な戦狼外交についても理論的支柱のような学者なのである。

最高指導部が張氏の高説を拝聴する学習会を開いたわけだから、強権主義の鎧《よろい》を脱ぎ捨て、国際社会から「愛される国」に転換するという見方は的外れであろう。

中国政治に詳しい在米中国人社会学者は、習氏が講話で「中国共産党の宣伝能力の強化」を進め、「国際新秩序を形成すべく国際社会を導いていく」ことを強調した点に留意すべきだと言う。

要するに、習氏は、毛沢東時代から続く共産党のお家芸的な宣伝工作により国際的な発言力を強め、中国のイメージ向上を図れと言いたかったにすぎないようだ。

習氏の本音は、二一年七月一日の共産党創建百年式典の演説に如実に表れた。「中国が大股で時代に追いついた」と胸を張り、党創建時の半植民地状態から世界第二の経済大国まで飛躍させた共産党の実績ばかりを強調した。

その一方、「我々は決して、教師面した偉そうな説教は受け入れない」と述べ、中国モデルを批判する欧米諸国の干渉を一蹴する姿勢を鮮明にした。その言葉からは、「愛される国」になろうと努力する謙虚さは、みじんも感じられない。

実は、習氏が愛されることを望む相手は、習氏肝いりの経済圏構想「一帯一路」に関係する中央アジア、東南アジア諸国やアフリカ、中南米などの国々であろう。

欧米に対抗していくうえで力になり、領土や台湾などの問題をめぐる国連の舞台で中国を支持してくれる仲間を増やそうとしているとの見方に説得力がある。

習氏はこの年四月の党の会議で、一七年以降の総書記二期目の「五大業績」を挙げ、真っ先に「新型コロナウイルスを抑え込んだ」と胸を張った。しかし、国際社会は武漢での感染情報隠蔽やコロナ禍につけこむような「ワクチン外交」など負の側面を問題視し、中国の好感度は下がりこそすれ、一向に上がらないのが現実である。

学習会の講話で、習氏は「わが国が全人類の問題解決のために大きく貢献していることを全世界に知らせるべきだ」とも述べた。コロナ抑えこみを「共産党統治の優位性を示した」と自画自賛する習氏は、自国が評価されない状況にいらだち、宣伝工作の強化を命じた面もあるだろう。

だが、そこには大きな思い違いがあるようだ。国際社会での好感度は他国が中国の実際のふるまいを見て上がるものであり、共産党が支配する国内での宣伝工作のように上意下達ではいかないということだ。

残念ながら、習氏の「愛される国」発言以降も、国際社会の強い反発を招く中国の言動が続いているのが実情である。

先進七カ国(G7)が二十一年六月、首脳声明で台湾やウイグル問題を批判したことに、外務省報道官は「米国は病気で、症状は軽くない」と言い放ち、戦狼外交はやまない。時を同じくして、中国は香港当局による弾圧を通じて、対中批判の急先鋒だったリンゴ日報を廃刊に追い込んだ。

さすれば、習氏の発言が本当に「愛される中国」を目指すものであったのか、その虚実いずれかは、誰の目にも明らかであろう。

■コロナ対策「共産党の優位」訴え

それでは、習氏自身が二期目の業績のトップに挙げたコロナ対策について、中国をめぐる状況を振り返ってみたい。

新型コロナウイルスの起源解明のため中国武漢市で二〇二一年一月下旬から調査をしてきたWHO調査団の専門家は一月九日、同市で会見。米国のトランプ政権が主張してきた武漢ウイルス研究所からのウイルス流出を否定し、「今後、研究所の調査はしない」と述べた。さらに「ウイルスが発生したのは武漢とは限らない」とも指摘した。

この結論は、ウイルスの武漢起源説を否定したい中国の主張におおむね沿った内容といえる。とはいえ、専門家はウイルスの宿主の可能性があるコウモリの調査を、中国を含む近隣諸国でも行うよう提言しており、今後の調査は長期化しそうだ。

世界的流行について国際社会からの責任追及を警戒してきた中国は、今回の調査結果を政治利用するのではなく、今後の調査に誠実に協力すべきである。

そもそも、流行開始から一年以上たった段階の調査では手がかりは乏しくなっており、どこまで実態が解明できたのか疑問も残る。中国がこの一年余、ＷＨＯによる現地調査を認めなかったことが、調査が後手に回った最大の原因である。ＷＨＯも今回の結論を導き出した根拠をもっと明確にすべきではなかったか。

中国がようやく受け入れた今回の調査では、コロナとの闘いを宣伝する展示会など、科学的調査とは無縁の視察先が組み込まれた。

新型ウイルスの流行初期に、いち早く警鐘を鳴らした武漢の医師、李文亮氏がコロナ感染により亡くなってこの時点で一年だった。武漢では命日を前に、献花や墓参を排除する厳戒態勢が敷かれた。

習氏や中国当局が、コロナ抑え込みで「共産党統治の優位性」ばかり宣伝する一方、武漢市当局の露骨な情報隠蔽に立ち向かった李氏を処分し、その勇敢な行動をたたえる市民の追悼活動すら規制するのは、本末転倒であろう。

李氏はSNSに「健全な社会は一つの声だけであってはならない」との言葉を残して死去した。

将来の再感染を予測し、防ぐためにこそWHOの調査は重要である。自国の責任を回避し、「共産党統治の優位性」という「一つの声」を宣伝する舞台でないことを、中国は胸に刻む必要がある。

■「独裁」への足音が聞こえる

中国の最高指導部層や引退した長老らが、避暑地に集まって重要政策や人事などを調整するのが「北戴河会議」である。しかし、今や、習近平国家主席（共産党総書記）の意に真っ向から反対するような意見を出せる長老や指導部メンバーは見当たらない。

北戴河は渤海に面する海辺の保養地で、毛沢東の時代から、指導者や長老が別荘に滞在しながら、重要人事などを決めてきた。

ところが、長老が人事や重要政策にまで口を出し、密議で中国の方向性を決めるのは透明性を欠く人治だとの批判もあり、習氏の前任の胡錦濤氏が党総書記になった翌二〇〇三年にいったん北戴河会議は廃止された。長老が干渉する密議の弊害を重く見たのだろうが、長老らの猛反発を招き、数年で非公式な会議として復活したという。

二〇二一年夏の会議については、中国メディアが、河北省トップの王東峰・党委員会書記が七月三十日に北戴河の警備状況を視察したと報道した。このため、八月上旬には会議が始まったとみられているが、習氏が現地入りしたかどうかについては、公式報道はなかった。

近い将来では、二二年秋に開かれる五年に一度の党大会が指導部人事の節目となる。二一年六月で六十八歳の習氏は「大会時に六十八歳以上は引退」の人事慣行を破って総書記三期目に突入すると見られ、「一強体制」は盤石になる。このため、重要政策や人事を合議で調整する北戴河会議の政治的意味が薄れているといえる。

むろん、長老が干渉する密議という悪弊は正していくべきであるが、北戴河会議は中国指導部の集団指導体制を守る政治的な知恵の一つという面もあった。

習政権は内政外交ともに強権姿勢が目立つ。香港や少数民族の人権弾圧についての国際社会からの批判に「内政干渉」と反発し、全く聞く耳を持たない。習氏は二十一年一月の党の内部会議で一部幹部の仕事ぶりに激怒し「私が指示をしなければ、まさかお前らは仕事をしないつもりではあるまいな」と、恫喝に近い言葉を発したという。国内的にも習氏の「一強」ぶりは際立っている。

かりに、北戴河会議が続くとしても、今や誰も直言できないのではないか。それは、集団指導を形骸化させ、独裁の時代に踏み込む危険な兆候である。

こうした独裁傾向を雄弁に物語るのが、「習近平思想」の国民に対する学習強要である。一人の指導者の重要政策を「思想」と名付け、十四億人の民が小学校時代から一斉に学ぶ。それは、想像するだけで不気味な光景だが、中国では現実のものとなっている。

中国の小学校から大学院までの全教育課程で、二一年九月の新学年から習近平党総書記の指導思想を学ぶ授業が始まった。

中国教育省は同年八月二十四日、「習近平の新時代の中国の特色ある社会主義思想」を教えるためのガイドラインを公表した。

ガイドラインは、「中華民族の偉大な復興」を柱とする「習思想」を「国家政治生活と社会生活の根本指針」と位置付けた。例えば、小学校の授業では「習近平総書記が全党全国民のリーダーであることを知らしめる」という。

習総書記は二二年の党大会での三期目続投が確実とみられる。国家主席ポストについては、すでに一八年に憲法を改正し「二期十年」の任期制限を廃止した。幼い世代への習氏の権威の強調は、独裁的統治を長期的に強化していくための布石ではないのか。

高校では、台湾について「平和的統一に最大限努力する。（しかし）外部勢力と台湾独立勢力に対しては武力の使用を放棄しない」という、習氏の方針を教え込む。

確かに、中国は台湾武力統一を選択肢としては放棄していない。とはいえ、戦争も辞さないという危険な方針を高校の授業で取り上げる必要があるだろうか。

習政権は大学教育について過去に「報道の自由」「共産党の過ち」など大学で教えてはならない「七不講」の通達を出している。ガイドラインはそうした教育統制の新段階であり、教育省幹部は会見で「学生の頭脳を習氏の思想で武装せねばならない」と述べた。

今回の「習思想」の一斉学習と、民主主義的な価値観を否定するような教育は、習氏の権威に絶対服従し、批判の出ない社会を築くための洗脳教育にさえ映る。

「習思想」は一七年に党規約に、一八年には憲法に、党や国の指導思想としてそれぞれ盛り込まれた。習氏を歴代総書記とは別格とし、「習思想」を「建国の父」である毛沢東の「毛思想」と肩を並べるものにする狙いも見える。

だが、権力闘争のため毛が発動した文化大革命では一億人余が被害を受けたという。現在の中国中枢の集団指導体制は、悲劇的な独裁の歴史に学んだ政治の知恵であった。

習思想に塗り込められていく中国。毛時代のような独裁へと後戻りしていく足音が聞こえるようだ。

■習氏「功」は「誤」を上回らぬ

中国の習近平共産党総書記(国家主席)の統治が、毛沢東時代の独裁に近づいているように映る。毛氏は「建国の父」と評される一方、毛氏への個人崇拝が極限に達した文化大革命では、おびただしい数の国民が生命、地位、財産などを失う被害を受けたといわれる。習氏が本当に毛路線回帰を目指すのであれば、危険な道である。

国際社会が固唾をのんで見守ったのが、北京で二〇二〇年十月に開かれた共産党の重要会議「五中全会」だった。結局、二〇一二年に総書記の座についた習氏の後継人事は明らかにされず、二二年の次期党大会以降の三期目続投という前例のない人事が濃厚になった。

党、国家、軍の三権を握り続ける布石を打ってきた習氏の権威を高める動きは枚挙にいとまがない。共産党は一六年に習氏を別格の指導者である「核心」と位置づけ、一七年の党大会では習氏の名前を冠した「習近平思想」が党の新たな指導思想に決まった。五中全会では、習氏に「舵手」の称号も与えられた。これは、新中国という船のかじを取る毛氏の尊称だった。

五中全会後の展望として、シンガポール紙・ストレーツ・タイムズは「共産党は毛沢東が終身務めた『党主席』を次期党大会で復活させ、習氏が就任する」と報じた。個人崇拝への反省から、一九八二年に廃止されたポストだ。

もし、党主席が復活すれば絶対権力者となり、形骸化している集団指導体制は名実ともに終わりを告げよう。それは毛独裁の歴史に学んだ政治的な知恵の否定といえる。

こうした習氏の毛路線について、「野心だけでなく、党統治を堅持し、社会主義強国を建設する使命感が背景にある」(中国紙記者)との見方もある。習氏は元党中央政治局委員の習仲勲氏を父に持つ党高官子弟の「太子党」だ。それゆえ、一党支配を守る気持ちがひときわ強いといわれる。

二〇一九年の建国七十周年演説で、習氏は「毛氏の新中国建国が近代以降百年余の、他国に侮辱され虐げられた悲惨な運命を根本的に変え、中華民族は偉大な復興の実現という壮大な道のりを歩みだした」と述べた。その集大成こそ、習氏が今世紀半ばまでに実現すると強調する「近代化した社会主義強国」なのだろう。まさに、毛路線を完成する指導者は自分しかいないという自負がにじむようだ。

とはいえ、毛路線への傾斜は、知識人を弾圧し、異論を許さぬ社会を出現させた。新型コロナ感染について「言論封殺が拡大を招いた」と政権批判した著名企業家の任志強氏は汚職の罪で投獄された。最近の中国では「文革時代の再来のようだ」と声を潜めて不安を口にする人も多い。

共産党は毛氏の死後「功績七分、誤り三分」と評価したが、建国の英雄に甘い評定であり、実際とはかけ離れていよう。習氏の毛路線も、やはり、「功」が「誤」を上回ることなどありえないだろう。

■習近平氏「肉まん」を買う

今や、中国指導部で「一強」となり、内政外交ともに強権政治が目立つ習近平氏だが、中央政治のひのき舞台に躍り出たばかりの頃には、高官子弟の太子党であることや、その風貌などから、温厚だが平凡な指導者と見られてきた。一方で、したたかに庶民派ぶりを印象づけるパフォーマンスも繰り出していた。

北京市西郊外の慶豊包子舗に二〇一三年十二月二十八日、突然姿を現した習近平総書記と女性従業員のやりとりを、中国紙は興奮気味に伝えた。

「どんな具の肉まんがおいしいの？」

「豚肉ねぎ入りです」

「では、それとレバー炒めを。野菜もあるかな」

自分で二十五元を支払い、四元のお釣りを受け取った総書記に、女性は「お口に合いますか？」と聞いたという。答えは、庶民派を任じる総書記の面目躍如。「とてもおいしいよ。

ただ、庶民が口に入れる食品の安全には絶対に注意しないといけないよ」

党機関紙・人民日報社説は「民衆との感情ますます近く」と、党や政府の幹部の浪費を戒め、節約を求める総書記の率先垂範ぶりをたたえた。

庶民は度肝を抜かれただろう。最高指導者が肉まん店に現れ、自分で二十一元の代金を支払って六個の肉まんを平らげたのだから。党機関紙は「簡素な食事は社会の模範」と持ち上げるが、総書記が肉まんに込めた思いは、果たしてそんなに甘いのだろうか。

国営新華社通信は一二年末、ネクタイ姿で一人娘を自転車の後ろに乗せて走るユーモラスな写真や、軍所属の国民的歌手である彭麗媛夫人に一目ぼれした逸話などを報じた。最高指導者の私生活の公開が厳しく管理される中国では異例のことである。

地方視察ではシングルルームに泊まり、マイ枕まで持参したとの報道もあった。改革志向の庶民的なリーダーとしての世論づくりには成功したようだ。

このように、習氏が党総書記に就任した直後、庶民派ぶりを物語るエピソードは多く公開された。中国紙記者は「庶民的な肉まん店訪問は、狙いがあって総書記自身が考えたことだろう」とみる。

ネットで広まり、国営新華社通信や人民日報の記者がおっ取り刀で取材に駆け付けたことからも、側近以外は事前に計画を知らされていなかったとみるのが自然であろう。

習氏の肉まん店訪問直後、江蘇省の重要会議を取材した南京の夕刊紙は「会場のバイキング昼食では、総書記が食べたような肉まんが出された」と報道。党機関紙だけでなく地方の党や政府も早速、総書記の節約ぶりに右へ倣えといった様相だった。

庶民には異なる受け止め方もある。安徽省の三十七歳のフリーターは「指導者でも自分で並んで食事代を払うのは当たり前。中国人は騒ぎ過ぎ」と冷ややかだ。

もっとうがった見方も浮上している。香港では翌一四年一月に入り「党中央は日本制裁よりも周永康事件を優先する選択をした」との論評が流れ始めた。

人民日報が当時、「政冷経涼」とまで評した日中関係への対処より、党中央トップ級の政治局常務委員まで務めた周永康氏の汚職疑惑追及を優先させる決意を固めたというのだ。これまで、政治局常務委員まで上り詰めた人物の疑惑に踏み込まないのが、中国共産党の不文律といわれた。

「トラもハエもたたく」と汚職撲滅に取り組む意志を示した習総書記。質素廉潔を演出する肉まん店訪問の最大の狙いは、禁を破っての超大物トラ退治に、庶民の共感を得たかったとも読み解ける。

古典「十八史略」には「笑中に刀あり」という。満面の笑みで庶民と食した肉まんの具は、腐敗撲滅の意志という決して甘くない刃だったのかもしれぬ。

第9章

カリスマなき時代の指導者

会見を終え、にこやかな表情で握手を求めて手を差し出す
中国の江沢民国家主席(左、当時)と
大島宏彦中日新聞社会長(当時、現最高顧問)

(1998年9月1日、北京の釣魚台国賓館で、筆者撮影)

■歴史問題「取り上げるほど…」

今、中国を率いる習近平国家主席の時代に先立ち、新中国第三代の指導者と言われたのが江沢民氏、第四代の指導者と言われたのが胡錦濤氏の二人の総書記、国家主席経験者である。初代の指導者が毛沢東、第二代が鄧小平という数え方であり、習近平氏は新中国の第五世代の指導者となる。

私が北京特派員として初めて中国に勤務したのが江沢民時代の半ばから後半、二度目の北京勤務が胡錦濤時代の幕開けであった。

特派員として目の当たりにした二人の指導者のエピソードを紹介したい。鄧小平という偉大なカリスマなき時代に、カリスマによる事実上の指名を受けて大国を率いた二人の指導者の実像の一端ともいえる。

最初は江沢民氏である。

中日新聞・東京新聞は一九九八年九月、江沢民氏との単独会見に成功した。その直後の一九九八年十一月に江沢民氏は中国元首として初めて訪日しており、これに先立つ単独会見での、歴史認識問題をめぐる江発言は、異例であり注目すべきものでもあった。

会見は北京の釣魚台国賓館で行われた。

江氏は海部俊樹元首相、中日新聞社の大島宏彦会長（当時、現最高顧問）との会見で、歴史問題について「これからの両国関係では、ぜひ若い世代の関係を保ってほしいと思っている。ただ、この中でひとつ回避できない問題は、両国の間にかつて非常に心を痛める歴史があったことだ。これをいつも心の中に入れながら、これからの新しい関係を築く必要がある」と切り出した。

ここまでは、ふだんから歴史認識に繰り返し言及する江主席の発言として違和感はなかった。異様だったのは続く発言であった。江氏は、こう発言した。

「中日関係の中でこの歴史問題を取り上げる必要があるかどうかについては、いろいろな議論があり、歴史問題を取り上げるべきではないとの異なった意見もある。しかし、取り上げれば取り上げるほど世々代々の友好にプラスになる。この心を痛める歴史をつくった日本の張本人は、当時の軍国主義者であり、被害者は中国またはアジアの国々の人だけでなく、日本の国民も被害者です。歴史を教訓としてこそ美しい未来を切り開くことができる」。

後半の発言を分析すれば、一部の軍国主義者と日本国民を分けて考え、日本国民も「被害者である」というのは、日中国交正常化以来の中国指導部の伝統的な考えを継承したものであり、新味はないといえる。

だが、歴史問題を「取り上げれば取り上げるほど友好にプラスになり」「取り上げるべきではないという異なった意見」という発言は、何を意図したものであるのか。

それは、一九九八年十一月の江沢民氏の訪日で鮮明になった。

この訪日で江沢民氏は宮中晩さん会をはじめ、行く先々で執拗に過去の歴史問題を持ち出し、日本国民の間に嫌中感が広がる大きなきっかけとなってしまった。

一九九八年の春に時計の針を少し戻してみれば、江沢民氏の歴史認識をめぐる一連の発言は、当時の中国政府の考えとは一線を画したものであり、本人の信念に基づく強硬なものであったことが浮き彫りになる。

この春に開かれた全国人民代表大会(全人代)で、引退した李鵬首相は最後の政府活動報告の演説をし「中日関係は全体として発展の勢いを維持している。我々は日本が平和と発展の道を歩んでいることを支持する」と述べている。

中国筋によると、この当時、中国外務省は対日関係について李鵬演説の方針に従い、江主席訪日を通じて、戦後日本の歩みを「平和的発展」と評価し、未来志向の関係を築いていく外交戦略を描いていたという。

だが、中国を率いる江沢民氏自身は、訪日前から歴史問題を「取り上げれば取り上げるほどプラス」と考えていたことになる。従って、「異なった意見」とは李鵬演説や外務省の戦略のような当時の中国政府の、戦後日本の平和的な歩みを評価する考えであったといえるだろう。

■江会見の撮影やり直し

もちろん、訪日後に江氏の歴史問題をめぐる発言が異様に先鋭化した背景には、この際の日中共同宣言に日本側の過去への謝罪が明記されていないことに江氏が激怒したなどの事情はある。だが、江氏自身の対日感情が、当時の中国共産党や政府の高官と比べても際だって厳しいものであったことは間違いない。

一九九〇年代半ば以降、江沢民政権時代の行きすぎた愛国主義教育で中国全土に反日的な風潮が広がったことはまぎれもない事実である。

釣魚台国賓館での会見は、歴史認識をめぐる本音ともいえる発言以外にも、江氏の素顔に触れることのできるものであった。

会見の冒頭のやりとりが終わると、海部元首相や大島会長ら数人の主な会見相手を除き、私をはじめとする中日新聞の特派員や中国メディアは会見場の建物から屋外に退去させられた。

だが、しばらくすると扉が開き、再び中に入るよう指示された。解せぬ気持ちでいると、もう一度、会見冒頭の写真撮影をするように言われた。

後で、中国側に聞くと、「撮影時にメガネが曇った。もう一度撮影しなさい」との江氏自身の指示であったという。曇ったメガネをかけた自身の写真が掲載されることを嫌った江氏のメンツの問題であったのか、鮮明に写ったきれいな写真を新聞に掲載させてやろうという思いやりから出たものなのかは不明である。

だが、江氏という指導者は、非常に注意深く、そうした細かなことにも神経をとがらせる人物なのだという印象が、私の胸には強く刻み込まれた。

■スタンドマイクで胡会見

これに対し、少なくとも国際社会にデビューした当時の胡錦濤氏からは、中国の指導者には珍しく、柔軟なモノの考え方と誠実な性格を兼ね備えているという好印象を受けた。

そのきっかけは、一九九八年四月の会見にさかのぼる。

江沢民訪日の露払い役として、国家副主席として初めて訪日した胡氏は、自身の訪日を前に北京の人民大会堂で日本メディアの北京特派員との会見に応じた。手荷物検査などを受け人民大会堂の中に入った私たち特派員団は、部屋に通されるわけでもなく、大きなロビーのようなところで胡錦濤会見を待った。

しばらくすると係員が姿を見せ、大会堂の床にビニールテープを張り始めた。会見の際には、この内側には入ってはいけないという印であり、スタンドマイクが用意された。

中国要人の会見では一般的に、事前の質問通告が必要である。だが、この時はそんな要請はなかった。このため、会見の直前に北京特派員団の幹事社のうち新聞社代表だった中日新聞社が各社特派員の意見を聞いて急きょ質問をまとめ、当時の迫田勝敏北京支局長が中国語に翻訳して会見に備えた。

姿を見せた胡氏は立ったまま、笑顔で当意即妙に質問に答えた。歴史問題だけでなく、「前人の業を引き継ぎ、前途を開拓する重要な時期だ」と述べ、未来志向の日中関係に期待を表明した。ざっくばらんな会見の段取りも、事前の質問通告なしで何でも答えるという柔軟さも、強く胡氏の意向を反映したものだろう。

■後に「ロボットのよう」とも

胡氏は訪日後、一九九八年四月二十四日に日本記者クラブで会見に応じた。

この時には、副主席選出の過程を明かし、「一回も自分から国家副主席になりたいと思ったことはない」と述べるなど、極めて率直なものだった。国家副主席の選考について、胡氏は「中国の憲法によれば、中国共産党また民主党派、さらに無党派の広範な人々が一緒に集まって十分協議し、その人選を決めることになっています。この人選が決められたら、さらに全国人民代表大会の主席団に提出して審議を受け、それも通過できたら、全人代の総会に提出して認可をもらえれば、それで成立します。最後には総会で無記名の投票で誕生することになっています」と説明した。

中国の最高指導部にある人物が、国家副主席が選出される経過について、ここまで丁寧に率直に語ったことには、心から驚いた。

その後、「なりたいと思ったことはない」との発言に続き、「私としては、これから真剣かつ厳格に憲法を守り、職務の遂行に全力を尽くして清廉なイメージを保ち、誠心誠意をもって全国民のために奉仕していきたいと考えております」と結んだ。こうした姿勢は、中国トップの国家主席になっても大きくは変わらなかった。

胡錦濤氏は二〇〇八年、江沢民氏の訪日以来十年ぶりに、国家主席として訪日した。訪日した胡氏は、日本にとって江沢民訪日の際の苦い記憶とは反対に、歴史認識や戦争責任などの問題をいっさい提起しなかった。北京出発前には、一九九八年の時と同じように日本の北京特派員との会見に応じた。国家副主席のころとは日中関係も様変わりし、中国を厳しく批判するメディアもあったが、分け隔てなく会見に招かれ、その柔軟姿勢を示した。胡氏はその後、指導者としてキャリアを重ねるにつれ、模範解答から逸脱しない官僚的で慎重なもの言いのため「ロボットのようだ」と評されることが多かったのは残念に感じる。

■「胡・温」新政の限界

江沢民時代とは違い、未来志向の新たな日中関係の構築に取り組もうとしたのが胡錦濤国家主席、温家宝首相の時代であったと言える。

だが、その「胡・温時代」が終わろうとする時期、日中間は尖閣問題とそれに反発する反日デモにより国交正常化以降で最悪といわれる冬の時代に入った。

日中関係は小泉純一郎首相の時代に悪化したが、胡錦濤時代には日本だけでなく中国も関係の改善を望み、そのための努力も積み重ねてきた。

第一次安倍晋三政権の時代に、安倍首相は就任直後の訪中で、戦略的な互恵関係の構築を中国側に提案し、中国側もそれを受け入れた。答礼としての温家宝首相の訪日は中国で「氷を溶かす旅」とも呼ばれ、日中双方から好意的に迎えられた。

日中関係の悪化は、一方だけに責任があるということはないであろう。

だが、少なくとも尖閣問題を一触即発なまでに先鋭化させ、これまでの双方の努力を水泡に帰するような状態にしてしまった民主党政権の対中外交や、その後の第二次安倍政権の靖国神社参拝などは残念である。

中国国内に目を転じれば、胡錦濤氏と温家宝氏が率いた時代は、その清新な気風もあり「胡・温新政」とまで期待された。

胡氏は「和諧社会(調和の取れた社会)」をスローガンに掲げたが、残念ながら、その危機感は社会の改革につながらなかった。胡氏らしさを発揮したのは、自身の完全引退を決め、長老支配排除へ道筋をつけたことだ。法治にはまだ遠いが、人治から脱却させる前向きな試みと評価できる。

だが、政治の表舞台を降りるまで、胡氏と温氏のコンビが唱え続けた「政治改革」は進まなかったといっても過言ではない。権力と富を握った既得権益層の政治改革に対する反発はそれほど根強く、社会の格差はとめどもないほど広がっている。

胡氏が、かつて改革開放を率いた鄧小平氏のようなカリスマ指導者ではなく、極めて優秀な官僚的な指導者という限界もあった。

新中国の歴史を振り返れば、第一世代の毛沢東や第二世代の鄧小平のように、カリスマ指導者の鶴のひと声で社会を動かせた時代ではなくなったことは、はっきりしている。第三世代の江政権以降、「総書記は絶対的権威ではなく、最高指導部の一代表になった」(中国筋)という党内の支配構造の変化も顕著である。それゆえ、江沢民、胡錦濤時代の指導部は、権力と富を握った既得権層の岩盤を突き崩すことができなかった。

わりあいに開明的だった「胡・温新政」でも進めることができなかった政治改革は、さまざまな既得権益層とのバランスの上に成立した習近平指導部にとっては、さらに容易ではないであろう。

不公平感をなくすため大胆に政治改革に踏み込むしか、中国社会の安定と発展は保てないであろう。

これに失敗すれば「一党独裁体制は崩壊する」(元中国紙記者)との厳しい見方すらあるが、実権を掌握しつつある習近平氏は政治改革とは逆に、強権政治に歩を進めているようにも映る。

第10章

政治局員葬った「重慶の乱」

山東省済南市の同省高級人民法院で、
判決を聞く薄熙来氏

(2013年10月25日、新華社・共同/共同通信社提供)

■最大の政治スキャンダル

カリスマなき時代の中国に、毛沢東が発動したすさまじい権力闘争・文化大革命をほうふつとさせるような「最大の政治スキャンダル」が起こった。

それが、重慶市トップの薄熙来・元市党委書記が中央政界トップの政治局常務委員の座に野心をたぎらせて政治キャンペーンをしかけ、妻の殺人や側近の米国亡命騒ぎなどもあって、返り討ちにあった「重慶の乱」とでも言える権力闘争であった。

薄氏は二〇一三年七月二十五日、収賄、横領、職権乱用の罪で起訴された。直後の八月二十二日に山東省の地裁で公判が始まり、異例ともいえる五日間の集中審理で結審した。それからわずか一カ月の九月二十二日に無期懲役の一審判決が言い渡された。

地裁は収賄、横領、職権乱用の罪について、無期懲役の判決を言い渡し、全個人財産の没収、政治権利の終身はく奪を命じた。薄氏が法廷で全面否認した起訴内容を、地裁はほぼすべて認めた。判決で地裁は「国家、国民に重大な損失を与えた職権乱用罪の情状は特に重大。証拠は確実・十分だ」と述べた。

だが、起訴罪状は主に過去の大連市長時代の経済犯罪である。中国指導部は、格差にあえぐ国民に歓迎される政策を打ち出した薄氏との政治闘争ではなく、薄氏自身の腐敗ぶりを国民に焼きつけようとしているように映った。

この裁判で最も注目すべきは、政争の敗者である被告に対する裁判で、政治色を持ち込まず、法治が貫けるかどうかであった。

中国憲法は「共産党の指導」をうたい、一党独裁体制であることは言うまでもない。だが、一九九九年の憲法改正では、「依法治国」という法治国家の原則が追記されている。共産党の機関紙、人民日報は薄熙来裁判の一審結審を受け「法治的な発想で腐敗に反対する」とする社説を掲げた。

裁判の進行を見る限り、薄氏の親族や一般市民の傍聴が認められ、メディアへの説明会も開かれた。審議の公開や透明性は一定程度、確保されたといえる。だが、公判は異例ともいえる集中審議で進められ、結審から一カ月足らずでのスピード判決であった。

公判での激しい攻防は中国版ツイッター「微博」で発信され、政治ショーの色合いすらうかがえた。こうした裁判の政治化は、三十年以上前に文化大革命の「四人組」裁判をテレビ中継して以来の対応である。

薄氏は上訴したが、山東省高級人民法院（高裁に相当）は二〇一三年十月二十五日、一審判決を支持する判決を言い渡した。中国は二審制であり、この判決により薄氏の無期懲役が確定した。

病気療養などを理由に減刑される可能性もあるが、薄氏の党籍はすでにはく奪され、政治権利も奪われた。判決時に六十四歳の年齢も考えれば、政治生命は完全に失われたといえる。

香港紙によると、一審判決の言い渡し後、薄氏は「不公平だ」と叫ぶなど激高し、強制的に退廷させられたという。

共産党は、党の重要会議である三中全会を十一月に控えていた。大衆動員の政治運動で権力闘争をしかけた「薄熙来事件」に、早く幕をひこうとした可能性も捨てきれない。

だが、政争の敗者に見せしめ的な厳罰を科す政治の意志が働いたなら、司法の独立は保たれたといえない。

中国の古典「礼記」には「礼は庶人に下らず、刑は大夫に上らず」との言葉がある。高官である士大夫の身分にある者は、高い倫理観を持っているはずだから刑罰の対象にしなくてもよいという、儒教の伝統的な考え方である。

その一方、近年の中国では権力闘争に敗れた高官が、収賄などの経済犯罪を理由に逮捕されて政界から葬り去られ、懲役刑となったケースは多い。

薄氏は、党最高指導部クラスの政治局常務委員に次ぐ政治局員の地位にあった高官である。判決は死刑を回避したものの、近年の政治局員経験者として最も重い厳罰を科すという政治色の色濃いものになったといえる。

■「山西王」副総理の次男

まずは、「薄熙来事件」とはどのようなものであったのか、振り返ってみよう。

薄氏は、薄一波・元副総理の次男である。薄一波氏は鄧小平氏を支える長老として、山西省で絶大な権力をふるい「山西王」とまで言われた。

いったんは失脚した父が復権すると、太子党の一人である薄氏は北京大学に進み、大連市長や商務相(大臣)などを歴任し、政治家として順調に出世の階段を駆け上っていった。だが、二〇〇七年十月の第十七回党大会では、熱望した政治局常務委員の座を射止めることはできなかった。

政治局常務委員に抜てきされた現在の習近平主席、李克強首相の後塵を拝することになり、失意のうちに重慶市党委員会書記として地方に下った。

第十八回党大会での大逆転を胸に秘め、薄氏が重慶で華々しく展開したのが「打黒(マフィア撲滅)」と「唱紅(革命歌を歌う)」の二つの大衆動員型の政治キャンペーンであった。

一時は、習氏をはじめ最高指導部の一部からも大きな称賛を受けた。だが、側近として

「打黒」に辣腕をふるった王立軍・元重慶市副市長と薄氏の関係悪化が決定的となり、二〇一二年二月に王元副市長が四川省・成都市の米国総領事館に亡命を求めて逃げ込む事件が起きた。

一連の騒ぎの中で、二〇一一年十一月に薄氏の妻の谷開来受刑者（谷氏は、すでに執行猶予付き死刑判決を受けた）が、英国人実業家を毒殺する事件を起こしていたことも発覚した。さらに、自身の長年にわたる汚職や職権乱用なども明るみに出た。二〇一二年九月に党籍はく奪処分を受けて政治的に失脚し、二〇一三年七月に起訴された。

■時の総書記との争いに敗れる

中国メディアは当初、薄氏が巨額の収賄、横領、職権乱用の三つの罪で起訴されたと伝えるのみで、その詳細を明らかにしなかった。二〇一三年七月二十六日付の中日新聞朝刊によると、重慶市の内部会議では、汚れた金は収賄二千万元、横領五百万元の計二千五百万元（約四億二千五百万円）に上ると報告された。

実際の起訴内容は、以下のようなものであった。

◇遼寧省大連市長時代に計約二千四十五万元相当の賄賂を受け取った収賄の罪と五百万元

の公金を横領した罪
◇妻の関与した殺人事件や、当時の重慶市副市長の米総領事館駆け込み事件にからんで職権を乱用した罪

共産党は薄氏について、政治スキャンダルの発覚当時は、巨額な賄賂以外にも、職権乱用、多くの女性との不適切な関係―など数々の罪状を並べ立てていた。当初は、単なる汚職腐敗事件ではないと、国民向けに強調する狙いがあったとみて間違いない。

それでは、薄氏の事件が権力闘争に敗れて高官が懲役刑を受けた近年の事件とどう違うのかを見ていきたい。近年の中国の権力闘争としては、「二陳事件」が有名である。

一九九五年に、北京市トップだった陳希同・元市党委書記が、天安門事件を受けて上海のトップから抜てきされ北京に乗り込んできた当時の江沢民総書記と対立した。結局は、汚職容疑で逮捕され、一九九八年に懲役十六年の判決を受けた。

陳希同氏は、北京市長や市党委書記だった九一年から九四年にかけて、企業などから五十五万元の高額品を受け取り、高級別荘の違法建設に公金を使ったなどとされる。長城公司事件と呼ばれる。

次いで、胡錦濤総書記の時代には、陳良宇・元上海市党委書記が失脚した上海市社会保険基金事件が起こった。胡氏の権力に挑戦した上海市トップの陳氏が収賄と職権乱用で逮捕さ

れ、二〇〇八年に懲役十八年の判決を受けた。

いずれも、時の総書記との権力争いに破れ、収賄などで獄につながれた。だが、「二陳事件」は、党や国家を敵に回した〝反乱〟とまではいえないだろう。

■文革の悪夢におびえる

これに対し、「薄事件」は「打黒（マフィア撲滅）」「唱紅（革命歌を歌う）」の大衆動員キャンペーンを発動した権力闘争であった。このため、党指導部は、安定団結を何よりも重んじる党の一党独裁体制に真正面から公然と歯向かった「反乱」と受け止めた。

マフィアとのつながりを理由に、薄氏が重慶市の元司法局長まで処刑した「打黒」は多くの冤罪も生んだ。貧しくとも平等な社会を懐かしむ「唱紅」は格差にあえぐ庶民の恨みや怒りの気持ちに火をつけた。

こうした薄氏のやり方に、党指導部は、おぞましい文化大革命の悪夢再来におびえたといえる。文化大革命の時代に、薄氏自身が紅衛兵として実の父、薄一波氏にまで暴力をふるった過去がある。そうした蛮行が中国指導部の脳裏をよぎったかもしれない。

温家宝氏が「文革の悲劇が繰り返される恐れがある」とまで言ったことは、薄氏の手法を集団指導による共産党独裁への挑戦と受け止めたからにほかならない。

今でこそ「いかなる形式の個人崇拝も禁止する」と中国共産党の党規約はうたう。総書記は党内序列ナンバーワンであっても、横並びの最高指導者たちの兄貴分的な存在だ。だが、個人崇拝の時代、毛沢東との権力闘争は「反乱」とすら言えるものであった。

毛沢東は一九六六年八月に「司令部を砲撃せよ」と題した大字報(壁新聞)を発表して文化大革命を発動した。結局は、当時の党ナンバー2として毛沢東の最大のライバルと目された劉少奇や、毛が一時は後継者とした林彪を死に追いやった。

今や独裁者のいない中国で、集団指導による一党独裁という最大の権力に立ち向かったのが、一匹おおかみ的な野心家の薄氏であったといえる。

第11章

先人の知恵無視した「尖閣問題」

沖縄県・尖閣諸島。手前から南小島、北小島、魚釣島

(2012年9月：共同通信社提供)

■「石油が出るから問題」

二〇一四年の春節(旧正月)前、中国は安倍晋三首相の靖国神社参拝批判一色に染まっていた。全世界で四十人以上の大使ら幹部外交官が現地の主要メディアに寄稿するなどして安倍首相批判を繰り広げたというから、まさに中国共産党と政府をあげた「対日世論戦」を仕掛けたといえる。

そして、この対日強硬路線の大きな伏線となったのが、二〇一二年九月の日本政府による沖縄県の尖閣諸島国有化であった。

これほどまでに近年の日中関係に悪影響を与える発火点になった尖閣問題について、まずはその歴史的経緯を振り返ってみよう。

尖閣諸島は沖縄県と台湾の間に位置する群島であり、中国は「釣魚島」と呼んでいる。一九六八年に国連の委員会が、尖閣周辺海域の海底に石油資源が眠っているという報告を出したことで、にわかに争いの島になってしまった。

まずは、中国の人民日報が一九七〇年十二月二十九日付の社説で、尖閣諸島に対する領有権を初めて主張した。台湾も一九七一年六月十一日の外交部声明で、尖閣諸島の領有権を主張し始めた。

後述するように、中国の周恩来首相は日中国交正常化交渉の過程で「石油が出るから、これが問題になった」と発言したが、まさに、国連報告があるまでは中国も台湾も領有権の主張をしてこなかったということは留意しておくべきことであろう。

中国政府の正式な領有権の主張は、一九七一年十二月三十日の外交部声明である。声明の要点は、尖閣諸島は昔から中国の領土であり、明代には中国の海上防衛区域に含まれていたと主張するほか、尖閣諸島は琉球つまり今の沖縄に属するものではなく、台湾の付属島嶼《とうしょ》であったというものである。

その後、日中平和条約締結に向けた交渉が続いていた一九七八年四月、武装した多数の中国漁船が尖閣周辺海域に終結し、翌七九年春にも同じような事件があった。

そうした過激な行動とは裏腹に、中国の指導部は領有権問題について「解決の先送り」という考えを示していた。平和条約の批准書交換のために一九七八年十月に来日した当時の鄧小平副首相は、記者会見で領有権をめぐる問題を棚上げする考えを表明した。

その後、大きな節目となったのが、中国が一九九二年二月に公布施行した「中国領海および接続水域法」であった。中国はこの法律で尖閣諸島を南沙、西沙諸島などと並べて中国領土と明記した。これは明らかに中国の政策変更であったといえる。

日中両国で小競り合いや抗議の応酬が続いたが、大きな転機は二〇〇八年十二月、中国の海洋調査船が尖閣沖の日本領海に入り、海上保安庁の退去要求を無視して九時間にわたって航行した事件だ。さらに、二〇一〇年九月には、中国漁船による海上保安庁船舶への体当たり事件が起こり、中国は力によって日本の実効支配に挑戦するという姿勢をあらわにし始めた。

■「静かに支配」が有利

こうして緊張状態が高まる中、最悪の反日デモへと引き金をひいたのは二〇一二年四月に米国で石原慎太郎・東京都知事が行った講演であったといえる。石原氏は尖閣諸島を都の予算で買い取る方向で交渉が進んでいることを明かし、国民には購入のための寄付への協力を呼びかけた。

中国を刺激したのは、石原知事が尖閣諸島を購入した後、港湾施設の建設などをすることを表明したことだ。これによって、日本が静かに島を実行支配している現状を自ら変更し、争いのタネをまくことになったといえる。

先述したように、中国自身が日本の実行支配に対する挑発を繰り返していたことは否定できない。この点について、中国は大いに非難されるべきである。

だが、日中双方が主権を主張している中で、尖閣問題の「棚上げ論」は日本が実効支配している現状の継続を担保してきたといえる。それが、武力紛争を回避することにもつながっていたことも見逃してはならない。

実効支配している日本の側に有利な状態なのであり、尖閣購入や施設の建設などを言い出して、現状に波風を立てるようなことは賢明なやり方ではなかった。

民主党政権の野田佳彦首相は結局、政府による尖閣購入を決めた。この判断について、二〇一四年に訪中した民主党の大物議員は特派員団に「いろいろな議論はあったが、あのタイミングでは、都ではなく国が買うという判断しかなかった」と振り返った。

果たしてそうだろうか。民主党政権の判断は、尖閣問題についての冷静な現状認識を欠き、メンツを重んじる中国指導者の立場にも配慮のない決断だったように感じる。

二〇一二年九月九日、アジア太平洋経済協力会議(APEC)首脳会議の機会に、中国の胡錦濤総書記は「立ち話」という異例の形で、野田首相に「これ(尖閣の国有化)をやったら大変なことになる」と、こわばった表情で詰め寄った。

だが、日本政府はそのわずか二日後の閣議で、尖閣の購入を決めた。中国のトップが最後通告に近い形で「反対」を日本の首相に迫ったのに対し、その言葉の重さやメンツを全く無視するかのような拙速な国有化決定は、外交的に深い思慮を欠いたと言わざるをえない。中国にとっては、満州事変の起こった日である九月十八日の「国恥日」も迫っていた。日本の対応次第では、火の手が燃えあがると容易に想像できたはずだ。

■「領有権問題は存在せぬ」

尖閣諸島をめぐり、日中間に果たして領土問題はあるのか、ないのか。この問題を考えるにあたり、まずは日本政府の正式な見解を確認しておきたい。

日本外務省は「尖閣諸島が日本固有の領土であることは歴史的にも国際法上も明らかであり、現にわが国はこれを有効に支配しています。したがって、尖閣諸島をめぐって解決しなければならない領有権の問題はそもそも存在しません」と言う。これが、尖閣諸島領有をめぐる日本政府の立場であり、外務省のホームページでも確認できる。

島を領有するに至った経緯については、外務省は次のように説明する。

「尖閣諸島は、一八八五年から日本政府が沖縄県当局を通ずる等の方法により再三にわたり現地調査を行い、単に尖閣諸島が無人島であるだけでなく、清国の支配が及んでいる痕跡がないことを慎重に確認したうえで、一八九五年一月十四日に現地に標杭を建設する旨の閣議決定を行って、正式に日本の領土に編入しました。この行為は、国際法上、正当に領有権を取得するためのやり方に合致しています」と述べる。こうした領有権取得のやり方は国際法上、「先占の法理」と言われる。

それでは、中国の立場はどうか。中国自身は「釣魚島」と呼ぶ尖閣諸島の問題で、歴史を踏まえて、どのように主張しているのか見てみたい。

日本政府が尖閣国有化を閣議決定する直前の二〇一二年九月十日、中国外交部（外務省）は次のような声明を出した。外交部声明は「中国は早くも明代に釣魚島などの島嶼を海上防衛と管轄の範囲に組み入れており、釣魚島などの島嶼は、台湾に付属する島嶼である。釣魚島は、従来から『主人のいない島』ではない。中国は、釣魚島などの島嶼の争う余地のない主人だ」と述べる。

■中国から「窃取した」

ここで、日中双方の言い分を整理してみよう。

日本政府が「固有の領土」と述べる理由は、一八九五年の閣議決定にさかのぼり、その法的根拠として「先占の法理」があることが、日本政府の見解から理解頂けたと思う。

国有化を閣議決定した後、野田首相は米ニューヨーク市内での記者会見で「歴史上も国際法上も、わが国固有の領土であることは明々白々だ。そこから後退する妥協はありえない」と述べた。この考えは、先ほど述べた外務省の見解に沿ったものであり、日本の公式見解から言えば、その通りなのである。

だが、見逃してならないのは、中国側も日本が「正当に領有権を取得した」と主張する時期よりも前の明時代から、「管轄の範囲」に組み入れていたと、現在は主張していることである。このため、日本が一方的に「尖閣諸島は日本固有の領土であり、領土問題はない」と突き放してしまえるのかどうかは、中国の反論やその後の経緯も含めて慎重に考える必要があるのではないだろうか。

その後の経緯とは、具体的には日本が第二次世界大戦で敗れた際に、戦後処理のあり方を定めたいくつかの宣言や条約であり、日中国交正常化をめぐる交渉の中での日中首脳のやりとりである。

戦後処理と関連する尖閣諸島の領有権をめぐっては、二〇一二年九月、米ニューヨークの国連総会を舞台に日中が論戦を繰り広げた。論戦でのやりとりを振り返り、これまでの主張も踏まえて日中双方の主張を検証してみたい。

まずは、日本が先占の法理により正当に領有権を取得したという日本の主張に対する中国の反論である。明や清代にも主権を行使していたと主張する中国は「甲午戦争(日清戦争)末期、清の敗戦が確定的になった一八九五年に日本が中国からかすめ取った」と批判した。

日本の主張は、これと真っ向から対立する。日本が尖閣諸島を編入したのは一八九五年一月であるが、日清戦争の講和条約である下関条約の調印は同年四月であり、下関条約で清から日本に割譲された「台湾及び澎湖諸島」と尖閣諸島は別物であるとの反論である。

■からみあう戦後処理

続いて、戦後処理にかかわる二つの宣言を見てみたい。

一九四五年八月のポツダム宣言受諾が、戦後日本のスタートラインである。中国は第二次世界大戦中に発表されたカイロ宣言(一九四三年)と、「カイロ宣言の条項は、履行せらるべく」と明記した「ポツダム宣言」を根拠に、領有権を主張する。

カイロ宣言は「第一次世界大戦の開始以後に日本国が奪取し、または占領した太平洋におけるすべての島を日本国から奪取すること、ならびに満州、台湾および澎湖島のような日本国が清国人から窃取したすべての地域を中華民国に返還すること」を、同盟国の目的であると指摘する。

二〇一二年の国連総会の場で、中国の楊潔篪外相は「日清戦争末期に日本が中国から釣魚島を盗んだ歴史的な事実は変えられない」と演説した。「盗んだ」との表現は過激ではあるが、多分にカイロ宣言の「窃取した」との言い回しを意識したものとみられる。

続いて、ポツダム宣言を見ると、「日本国の主権は本州、北海道、九州および四国ならびに吾等の決定する諸小島に局限せらるべし」と記載されている。宣言によれば、日本が主権を主張できるのは本州、北海道、九州、四国に限られ、その他の小島の帰属については連合国側が決めるということになる。

こうした二つの宣言の内容を踏まえ、中国は日本のポツダム宣言受諾により、尖閣諸島は中国に返還されたと主張した。

尖閣国有化に対し、楊外相が「世界の反ファシスト戦争の勝利に対する公然たる否定」と非難した背景には、戦勝国として日本の戦後処理を決めたポツダム宣言を領有権の大きな根拠とするからであろう。

二〇一四年春の全国人民代表大会(全人代)で、李克強首相が政府活動報告の最終盤で「我々は第二次世界大戦の勝利の成果と戦後の国際秩序を守りぬき、歴史の流れを逆行させることは決して許さない」と強調したのは、こうした考えの延長線上にある。

では、カイロ宣言とポツダム宣言についての日本の立場はどうか。すでに見てきたように、尖閣諸島は日清戦争で奪い取った領土ではなく、カイロ宣言やポツダム宣言による中国への返還対象ではないというものである。

さらに時代を下って、一九五一年に署名したサンフランシスコ平和条約を検証してみたい。この条約こそが、戦後日本の領土の範囲を決めた。尖閣諸島の問題について同条約は「日本国は、台湾及び澎湖諸島に対するすべての権利、権原及び請求権を放棄する」と記す。領土を最終的に確定する立場にあった連合国は、尖閣諸島が台湾の付属島嶼でなく、南西諸島に属すると認めた。そのうえで、日本が潜在的に主権を持つ琉球諸島の一部として米国の施政権下に置いた。

さらに、一九七一年の沖縄返還協定で、米国から施政権が返還された地域に尖閣諸島が含まれており、協定発効と共に尖閣の施政権が返還されたと日本は主張している。

一方、中国はサンフランシスコ講和会議には参加していない。中国は日本が米国などと一方的に条約に調印し、尖閣諸島を米国に引き渡したと反論してきた。

■外交的には「係争地」

ここまで、尖閣諸島の領有をめぐる日中双方の主張や関係する宣言の内容などを見てきた。

日本は一八九五年から百二十年近くも尖閣諸島を実効支配してきている。さらに、歴史的な領有の経緯や、戦後処理をめぐる扱いの中でも、日本政府の主張にはかなりの合理性があるのは間違いない。

中国側にもそれなりの反論があるのだが、明・清代の古文書などを根拠とする主張は、朝貢や冊封時代の「中華思想」に由来するものであり、日本の主張と比べると説得力に乏しいことは、お分かり頂けると思う。

従って、日本政府が「歴史的にも、国際法上も、わが国固有の領土」と主張することには賛同できる。しかし、だからといって「領土問題はない」とまで言い切るのは難しいのではないだろうか。日本政府の考えは、「固有の領土」なのだから、「領土問題はない」とストレートにつなげる論法だと理解できる。だが、相手方である中国は独自の異なる主張をしており、現実的にも中国の公船が一時は連日のように、尖閣周辺の海域に出現して両国関係が緊迫したのは事実である。

丹羽宇一郎・元中国大使は本紙の取材に「外交上の係争がないというのは無理がある」と答えている。（二〇一三年二月十一日付、中日新聞）。

また、外務官僚出身で、先ごろ政界を引退した加藤紘一・日中友好協会会長は「これまでわが国政府がとってきた『尖閣問題をめぐって領土問題はない』という主張は、現実問題として、もはや国際的には説得力を持ちませんし、日中関係の改善にもつながらないと考えます」という談話(二〇一二年十月)を出している。

対中外交の表舞台に立ってきた人たちの「知恵」には、耳を傾ける価値があると思う。「領土問題がない」と門前払いのような形で対話の扉を閉ざすのではなく、日本に主権があることをきちんと主張しながら、外交的な係争地であるという認識からスタートして、紛争防止や回避の枠組みを考えていくことが今、重要ではないだろうか。

■次の世代、また次の世代が

さらに、尖閣諸島については、日中国交正常化交渉をめぐる「棚上げ論」の問題もある。この問題についても検証していきたい。

「棚上げ論」の出発点は、一九七二年に田中角栄首相が訪中し、周恩来首相と会談したことにさかのぼる。当時の会談記録を見てみよう。尖閣諸島について、以下のようなやりとりがある。

「(田中) 尖閣諸島について、どう思うか? 私のところに、いろいろ言ってくる人がいる」

「(周)　今回は話したくない。今、これを話すのはよくない。石油が出るから、これが問題になった。石油が出なければ、台湾も米国も問題にしない」

さらに一九七八年の日中平和友好条約の最終交渉の際に、棚上げ論は再浮上した。鄧小平副首相が園田直外相に述べた言葉のうち、尖閣諸島についての鄧氏の発言の一部は次の通りである。

「このような(尖閣)問題については、今は突き詰めないほうがよい。平和条約の精神で、何年か脇に置いても構わない」

これに対し、園田外相は「この問題について、日本国の外務大臣としてひとこと言わなければならない」と言って、中国の漁船が尖閣周辺に立ち入った事件の再発防止を求めるなどした。

すると、鄧氏はこう続けた。「私にもひとこと言わせてもらいたい。このような問題を脇に置いて、我々の世代は問題の解決を見つけていないが、我々の次の世代、また次の世代は必ず解決方法を見つけるはずである」。

園田氏は後年、自著の中でこの時の会談を振り返ってもいる。「尖閣諸島については、今度の話し合いの中では持ち出すべきではないというのが、私の基本的な考えでした」と回想している。

鄧小平氏は訪日した際、日本記者クラブでの会見では、次のように発言した。「国交正常化の際、双方はこれ(尖閣問題)に触れないことで一致した。両国交渉の際はこの問題を避けるのがいい。こういう問題は一時棚上げして構わないと思う」。

会談での日中要人のやりとりや、鄧氏の会見での発言をあらためて読み返し、読者の皆さんはどう感じるだろうか。少なくとも田中首相は「棚上げ論」を否定したことはないし、園田外相の回想は、中国側の「棚上げ論」の考えについて暗黙の了解があったと受け止められる。

■「あいまい」という知恵

こうした歴史的経緯がありながら、二〇一〇年十月、当時の前原誠司外相が国会で「棚上げ論について中国と合意したという事実はございません」と答弁した。さらに、民主党政権はその直後に、「(一時棚上げという)約束は存在しない」という答弁書を閣議決定した。

田中・周会談と園田・鄧会談のやりとりだけでも、日中間に「棚上げ」の暗黙の了解があったことは浮き彫りになっていると思うが、実際に対中外交の最前線にいた人たちがどう見ていたかも検証してみたい。

一九八〇年代に外務省の中国課長を務めた浅井基文氏は「『棚上げ』は省として共通認識でした。自民党政権はタカ派と言われた中曽根政権でも、いちゃもんをつけることは一切なかった」（二〇一二年九月、「ＡＥＲＡ」）と証言している。

瀬野清水・元重慶総領事は二〇一三年六月、日本記者クラブでの講演で「（日中間の棚上げに）暗黙の合意はあったのではないか。大事なことは、これ以上国有化の問題に触れないこと。かさぶたがしっかり治るまでは、そっとしておくほうがよい」と話した。

こうした考えに対し、「尖閣諸島は日本固有の領土であり、領土問題はない」とする政府の立場からすれば、問題を「棚上げ」したという認識は認められないのだろう。

しかし、これまでの検証から、日中間で政治の知恵として「棚上げ論」には暗黙の合意があったと見ることが、正面から歴史に向き合う姿勢であると思う。

瀬野氏は講演の中で「難しい問題は詰めない。理屈で詰めないのはアジアの知恵だ」とも述べた。実際に対中外交の最前線にあった外交官のこうした外交姿勢を、「逃げ」と批判する人もいるかもしれない。だが、新聞社の特派員として長年、中国報道に携わってきた私も、瀬野氏の考えに同感である。

中国人は、原理主義であるとともに融通無碍《ゆうずうむげ》であるという、一見矛盾した両面性をもっている。論理的に正しいからと言って、正面突破を図ろうとするだけでは、中国との交渉では実利を得られないことも多い。

外交交渉とは相手があってのことである。論理の正しさを競うだけではない。そこには、あいまいにしておいたほうが交渉には有利であるという知恵もありうるのである。「棚上げ論」とは、まさにそうした知恵の一つであったと思う。

■対立する外務省OBの論文

「棚上げ論」については、二〇一三年に有力な外務官僚OBが真っ向から対立する内容の論文を発表した。

日中の国交正常化交渉に現役外交官として立ち会った栗山尚一・元駐米大使は「霞関会会報五月号」で「日中首脳間のやりとりの結果、『解決しないという解決法』についての暗黙の了解が生まれたと理解すべきだと考え、これを『棚上げ』と呼んだのである」と述べている。

中国側がそうした立場にたった背景について、栗山氏は「正常化交渉を控えた周(恩来)首相は、おそらくこのような(中国の立場が強くない)背景を理解し、尖閣諸島の領有権問題を交渉の対象にすれば、日中双方共に譲歩の余地がなく、そのために肝心の正常化交渉がまとまらない可能性が大きいと考えたのではなかろうか」と指摘する。

対して、池田維・元外務省アジア局長、元交流協会台北事務所代表は、「霞関会会報七月号」で「棚上げしようという合意はこれまで日中間に存在したことがない。ここにいう棚上げとは、双方が問題の存在することを共に認め、その解決を先に延ばすことに合意することである」と主張する。池田氏は、先に説明してきた田中・周会談の記録文書や、訪日した際の鄧小平の「十年棚上げしても構わない…」などの発言を読んでみても、「日中間において領有権をめぐり問題が存在するから、これを後日の協議にゆだねるという合意—つまり、棚上げのための合意—は存在しない」と主張する。

池田氏は、国際法にかなったやり方で行われた一八九五年一月の日本政府による閣議決定以降、第二次世界大戦までの期間に多いときで二百人以上の日本人が尖閣に居住した事実を指摘。さらに、中華民国も中華人民共和国も七十六年間（一八九五〜一九七二）にわたり、尖閣の日本領有に対し一切異議申し立てをしなかったが、その中国が一九九二年に突如、「領海法」を制定して尖閣を領土に編入したことについて「中国の言う棚上げ論と重大な矛盾をはらむ。もし、棚上げがあったというなら、領海法を改正ないしは廃棄してからにすべきだ」と主張する。

そして、池田氏は「日清戦争終結後の下関条約（一八九五年四月）で日本が割譲を受けたのは、台湾と澎湖諸島のみであり、尖閣諸島は一切交渉の対象になっていない」と指摘する。

先に説明したように、中国は「カイロ宣言」と「ポツダム宣言」を日本が受け入れた結果、尖閣は台湾の付属島嶼として返還されたとの論理を展開しているが、池田氏は「もし、尖閣が台湾の付属島嶼と国際的に認識されていたなら、米国がこれを沖縄の一部として自らの施政権下に置くことはありえなかったはずだ」と反論する。

池田氏は一九七六年から八二年にかけ、外務省のアジア局中国課首席事務官、事務次官秘書官、中国課長を歴任し、日中間の実務に携わった。私の取材に対し、池田氏は「冷戦時代の当時、日中間で尖閣をめぐり過度に対立したり刺激したりすることを避けたいとの考慮は日本政府の側にもあり得たが、それはあくまでも一方的な政策判断の問題であり、日中両政府間の合意や了解に基づくものではなかった」と強調する。

また、一九二〇年に沖縄県石垣島の海域で遭難した中国人漁民を石垣島民が救出したことがあり、これに対し、当時の「中華民国駐長崎領事」は、署名・捺印入りの公文感謝状のなかで「日本帝国沖縄県八重山郡尖閣列島」における日本側救助に感謝すると明記している。この文書について「当時の中国(中華民国)の尖閣についての認識を明確に示す歴史的文書である」と、池田氏は指摘する。

結論として、池田氏は「いずれにせよ、日本が終始、有効支配している尖閣の領有権については"棚上げ論"を含め、日本政府が中国政府に対し譲歩したことは一度もない」と主張する。

「棚上げ論」に限って検証すれば、栗山氏の論文で注目すべきは、「棚上げ論」が日中間でその後、どう扱われたかについての指摘である。論文は「尖閣諸島問題については『解決しないことで当面の解決とする』との日中間の了解は、その後、八〇年代を通じて維持されてきたが、九〇年代以降徐々に崩れ、今や双方により無視される状況になってしまっている」と現状を嘆く。

「すなわち、日本側は、了解の存在自体を否定し、他方、中国側は、棚上げの合意を主張しながら、その前提となる二つのルールに反した一方的行動を繰り返すばかりで、これでは事態は悪化するのみであることは明らかである」と警告を鳴らす。

ここでいう「二つのルール」とは

◇当事者がそれぞれ自らの立場を一方的に主張することは構わないが、相手にその立場を受け入れることを求めてはならない

◇新たな解決策が合意されるまでの間は、自らの有利になるように現状を変更するような一方的行動を慎むことである―という。

■対話は中国への譲歩ではない

それでは、日中間の大きなトゲとなった尖閣問題で、日本はどのように対処していけばいいのだろうか。

基本的には、すでに述べてきたように日本側から「領土問題は存在しない」とはいわず、「外交的な係争はある」という共通認識の下で、中国と問題解決に向けて対話していくという姿勢を表明することである。

このやり方は、決して中国に譲歩するという意味ではない。日本に主権があることを主張しながら、万一にも尖閣問題をきっかけにして武力紛争のような事態が起ることを回避するための枠組みを、共に作る努力をするためである。

中国側も国内の対日強硬世論に迎合するかのように、「日本は領有権問題があることを認めよ」などと、ハードルを上げすぎないことである。

中国筋によると、問題を「棚上げ」の状態に戻すため、中国が尖閣問題について水面下で一時、日本に要求した基本線は三つあるという。

それは、日本が①尖閣に立ち入らない②建造物を造らない③資源や環境の調査をしない——の三点であるという。

こうした相手方の要求に対し、係争地として話し合いをしているうちは、尖閣諸島の領海や領空に入らないことを、日本は中国に厳しく求めるべきである。

自民党は二〇一二年末の総選挙の際には、尖閣への「公務員の常駐」ということを訴えたことがある。しかし、実際に政権与党の座についてからは、あくまで選択肢の一つという言い方に転換し、表だって口にしてはいない。長年にわたり政権与党として対中外交のパイプを築いてきた経験に裏打ちされた柔軟な姿勢であると、評価したい。

中国海軍艦艇による海上自衛隊護衛艦へのレーダー照射などの極めて危険な行為や、過激な反日デモは、むろん、日本国内での嫌中感をさらに高めた。

だが、政権与党が、もしも一部の過激な嫌中世論に迎合するような形で、あえて強硬策を打ち出すのであれば、日中間の緊張はより高まることになる。国民の安全を守るという観点からは、決して国益にはつながらない。

■米国が打った「日中間の楔」

最後に、尖閣問題と米国の関係を考察しておきたい。

一九七一年の沖縄返還の前に、当時のニクソン政権がまとめた見解は「沖縄と一緒に尖閣諸島の施政権は日本に返還するが、主権問題に対しては立場を表明しない」というものであり、これが基本である。

その後、米高官の発言にはブレもみられる。

古くは、一九九六年十月に、モンデール駐日大使は「尖閣諸島には日米安保条約は適用されない」と述べたことがある。

それに対し、二〇一二年七月に米国務省のヌーランド報道官は「尖閣諸島は(米国の日本防衛義務を定めた)日米安保条約五条の適用範囲だ」と全く逆の立場を示した。

二〇一三年一月には、岸田文雄外相が訪米した際、クリントン国務長官は記者会見で「日本の施政権を侵すあらゆる一方的な行動に反対する」とこれまでより踏み込んだ発言をし、日米安保条約が適用されることを再確認した。

このように、米国は日本の同盟国として、中国が尖閣問題で緊張を高めるような行為をすることには、断固反対していくのが基本姿勢である。

最も新しい動きとしては、二〇一四年四月に訪日したオバマ大統領が安倍晋三首相と会談し、その後の共同記者会見で「日本の施政下にあるすべての領土は、尖閣諸島を含め、日米安保条約第五条の適用対象になる」と明言した。

だが、尖閣の領有権については「歴史的に日本に統治されてきており、それが一方的に変更されるべきだとは信じていない」と述べながらも、「最終的な主権の確定に関しては立場をとらない」と注意深く言葉を選び、言質を与えなかった。

こうした日中双方のバランスを取るかのような米国の尖閣問題への関与には、興味深い論考もある。少し紹介しておきたい。

「沖縄と一緒に尖閣諸島の施政権は日本に返還するが、主権問題に関しては立場を表明しない」との、ニクソン政権の基本方針についてはすでに述べた。

この意図について、カナダのウォータールー大学教授の原貴美恵氏は著書『サンフランシスコ平和条約の盲点』（溪水社）で「紛争を日本と両中国（中華人民共和国と台湾）の間に残したのである」と指摘する。

原氏は、米国は過去に尖閣を沖縄の一部として認識していたことに気づきながら、その立場を表明しなかったと指摘する。その理由として「ニクソン政権は沖縄返還合意を前のジョンソン政権から受け継いだものの、その優先すべき中国政策を尖閣というちっぽけな島のために台無しにする気はなかったと思われる」と分析する。

米国は当時、まだ台湾とも公式な外交関係を維持しており、特に安全保障上の問題から台湾の協力が必要だったはずであると、原氏は説明する。

こうした米国の動きについて、原氏は「沖縄が日本に返還された一九七〇年代には、尖閣問題というくさびが日本と中国の間に固定されたのである」という。今でこそ、米国は「尖閣は日米安保の適用範囲」と言うが、こうした歴史的経緯があったことは、頭に入れておいてもよいのではないだろうか。

日本の戦後処理を定めたサンフランシスコ平和条約の沖縄処理に一端がある尖閣問題がいまだに日中のトゲとなっている。そして、その間には一筋縄ではいかない、冷徹な国際政治の思惑があったということである。

第12章

中国と東南アジア

―南海の攻防

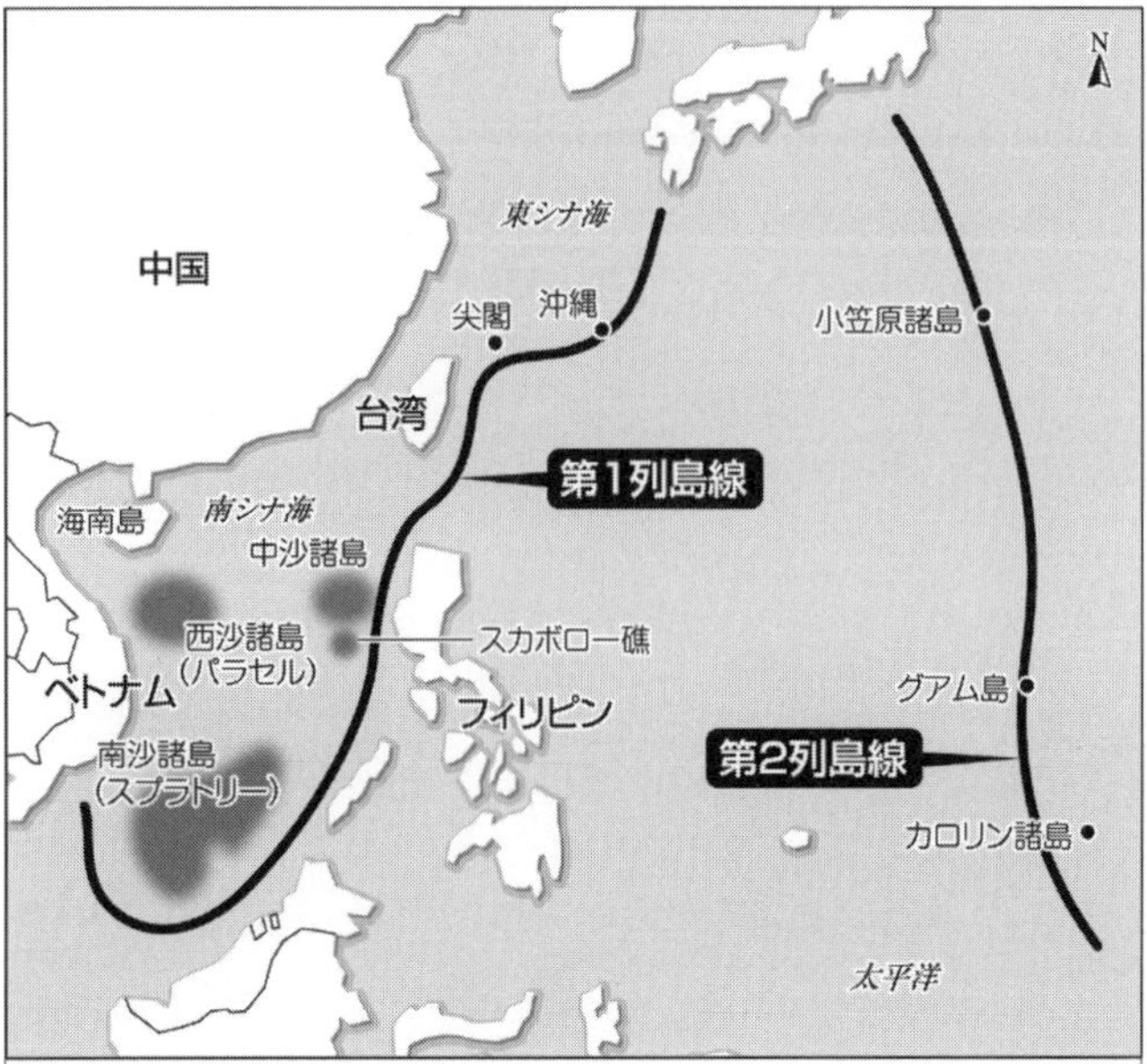

中国とASEAN諸国の領有権問題がある係争地と、
中国が主張する第1、第2列島線

■「太平洋分割」をもくろむ

二〇一四年三月にオランダで開かれた米中首脳会談。オバマ大統領は「南シナ海と太平洋の摩擦は対話により建設的に解決できる」と語った。中国が二〇一三年に設定した「防空識別圏」に改めて不快感を表明し、露骨になり始めた中国の海洋進出をけん制した形だ。

少し、時間を巻き戻せば、この時のオバマ発言は二〇一三年六月にあった初のオバマ、習近平会談を念頭に置いたものであると理解できる。

習氏は米国との「新たな大国関係」を求め、「太平洋には両国を受け入れるだけの広い空間がある」と、太平洋の勢力圏を米中で分割することを求めるような発言をした。この会談で、オバマ氏は習氏に対し明確に反論しなかった。

だが、中国が東シナ海での防空識別圏の設定や南シナ海での外国漁船への操業規制に踏み込むに至り、オランダでの首脳会談では、これ以上の露骨な海洋進出は認めないと明確にクギを刺したとみられる。東シナ海や南シナ海の安定は、太平洋をはさんで対峙する米中の力のバランスに大きく左右されるのが現実である。

■露骨なフィリピン孤立策

二〇一三年六月、ベトナムのサン国家主席が訪中して中国の習近平国家主席と会談し、両国関係を強化していくことで一致した。歓迎式典では数十人の子どもたちがベトナム国旗を打ち振り、サン国家主席の訪中を歓迎した。

毛沢東時代の再来を思わせるような「動員型」の熱烈歓迎ぶりは、逆に、近年の厳しい中越関係を好転させようとする中国の強い意志を感じさせるものであった。習氏は会談で「南シナ海問題の政治解決を進める決意をしよう」と、極めて前向きな提言をした。

歴史を振り返れば、ベトナムは中国によって一千年以上も支配された屈辱の歴史がある。一九七九年二月には、中越間で武力紛争の火ぶたが切られた。中国語で「中越辺界戦争」と呼ばれるように、直接の原因は頻発していた国境紛争であった。

ベトナム軍のカンボジア侵攻に対し、中国は「懲罰」をとなえ、計二十万人の兵力を送り込んだ。両国で十一万人以上の犠牲者が出たという。

一九八八年には、スプラトリー(南沙)諸島をめぐって両国海軍の武力衝突が起こった。二〇一三年三月にはパラセル(西沙)諸島の近海で、操業中のベトナム漁船が中国の公船から銃撃される事件も起こった。

このように、南シナ海での領有権問題をめぐり、中越両国は激しく対立してきた。習氏からベトナムへの関係改善に向けた強烈なメッセージは、南シナ海の領有権問題で、もっと激しく対立するフィリピンの孤立を狙ったものであったといえる。

フィリピンは二〇一三年一月、マックレスフィールド岩礁群（中沙諸島）のスカボロー礁に対する中国の領有権主張は不当であるとして、国際海洋法裁判所に仲裁を申し出た。

これに対し、中国の反発は異例ともいえる強硬なものであった。一三年九月に中国で開かれた「中国・東南アジア諸国連合（ＡＳＥＡＮ）博覧会」への、フィリピンのアキノ大統領の出席を直前になって拒否した。二〇一三年十月二日付の読売新聞によると、「（中国は）アキノ大統領訪中の条件として裁判の取り下げを求め、決裂した」という。

少し古い話で恐縮だが、この問題に関連したエピソードを紹介したい。

一九九八年にマレーシアで開かれたアジア太平洋経済協力会議（ＡＰＥＣ）の際、会議場となった高級ホテルの日本料理店で、マレーシアのアブドラ外相と一緒に昼食をとるフィリピンのシアゾン外相を見かけた。昼食を終えて廊下に出てきたシアゾン外相に、日本の新聞社の北京特派員であることを告げ、中国との間でもめていた南沙問題についての見解を求めた。日本語に極めて堪能なシアゾン外相の回答はこうであった。「加藤さん、フィリピンと中国の間で重要なのは、スプラトリーの問題だけではありませんよ」。

当然ながら、その当時でも南沙問題は中比間の懸案の一つであった。だが、アキノ大統領の訪中拒否にまで悪化した二〇一三年と比べれば、まだ対立は穏やかなほうであった。話を戻せば、出席拒否という中国の対応に、憤然としたアキノ大統領は「他国の領土や主権を力で虐げてはならない。国際問題は法による解決が合理的」と主張している。対して、中国は「争いは対話で解決する」というのが、公式な主張であるが、二〇一二年にはフィリピンからのバナナの輸入を大幅に制限するなど、フィリピンの孤立を狙って、さまざまな圧力をかけている。

■ASEAN分断と米国排除

南シナ海の領有権をめぐる争いの現状を、まとめてみよう。

スプラトリー(南沙)諸島については、ベトナム、マレーシア、フィリピン、ブルネイ、台湾が、パラセル(西沙)諸島については、ベトナム、台湾が領有権を主張している。マックレスフィールド岩礁群については、フィリピンが領有権を主張している。

南シナ海の問題をめぐる中国の基本的なスタンスを確認すれば、王毅外相は二〇一三年八月、訪問先のタイで「直接の当事国同士による交渉」を強く訴えている。

その意図するところは、ＡＳＥＡＮが一致して中国と対抗する枠組みを作らせず、さらには米国や日本に介入させないという意思表明であるといえる。外交的には、ＡＳＥＡＮの足並みの乱れをフル活用し、海上での法的なルールである「行動規範」策定まで何とか時間を稼ぎ、実効支配を強めていこうというのが中国の戦略である。

そもそも、南シナ海では米軍の撤退により空白が生まれたことで、領有権をめぐる争いが表面化し、中国は海洋進出の姿勢をあらわにしてきた。米軍がベトナムから撤退すると、中国はパラセル（西沙）諸島に軍事侵攻したほか、フィリピンからの米軍撤退後に、中国はフィリピンが実効支配していたスプラトリー（南沙）諸島のミスチーフ環礁を占領した。

中国はこれらの諸島全域を含む地域を領有範囲と主張し、一九九二年には領海法を制定してパラセル、スプラトリー諸島などを中国の領土と明記した。

ＡＳＥＡＮは領有権の争いを回避するため、行動規範の策定を中国に働きかけてきた。だが、中国への対応ではＡＳＥＡＮ諸国の内部でも温度差があった。

二〇一二年の会議では行動規範の早期策定を主張したベトナムやフィリピンと、中国寄りの姿勢を露骨にした当時の議長国カンボジアとの間で意見が対立した。二〇一三年六月のＡＳＥＡＮ・中国の外相会議では、行動規範策定に向けた公式高官協議を開くことを決めた。九月に協議が行われたものの、高官協議に助言・協力する専門家会合の設置を決めただけで、目覚ましい成果はなかった。その後も、国際会議では中国が自国ペースで会議をリードする展開が続く。

二〇一三年十月、ブルネイの首都バンダルスリブガワンで開かれた、中国と東南アジア諸国連合（ＡＳＥＡＮ）の首脳会議で、中国の李克強首相は「ＡＳＥＡＮと禍福を共にし、成長したい」と、南シナ海の領有権問題での対立を先鋭化させず、経済面での協力を前進させる姿勢を強調した。李氏の東南アジア訪問に先立ち、習近平氏がインドネシアのバリ島で開かれたアジア太平洋経済協力会議（ＡＰＥＣ）に出席していた。中国は、国家主席と首相の二人三脚で東南アジア外交を積極的に進めていることを国際社会にアピールした。

こうした中国の対ＡＳＥＡＮ戦略は、先ほども触れたように、米国の存在を抜きにしては語れない。中国は、アジア太平洋回帰（リバランス戦略）を鮮明にした米国が主導する形で、日本、韓国、台湾、ＡＳＥＡＮが連携して対中封じ込めに動かないように、極めて神経を使っている。

中国とＡＳＥＡＮの貿易額は二〇一二年に四千億ドルを超え、中国は四年連続でＡＳＥＡＮにとって最大の貿易相手国となった。そうした経済面での緊密な関係を背景に、ＡＳＥＡＮの主要国に対しては二国間の経済協力を軸に、南シナ海問題などでＡＳＥＡＮ全体としての連携を弱める「分断戦略」をとっている。

二〇一三年秋の、東南アジアを舞台にした外交では、米政府機関の一部閉鎖への対応などからオバマ米大統領が欠席したこともあり、中国の戦略は功を奏したといえる。

ブルネイでは、ＡＳＥＡＮを中心としたアジア太平洋地域の十八カ国が参加した「東アジアサミット」（ＥＡＳ）も開かれた。

この席上、南シナ海の問題をめぐり、李克強氏は「関係当事国以外は関与すべきではない」と、最高指導者がその場にいない米国の介入を強烈にけん制した。ＡＳＥＡＮ首脳会議の議長声明の内容も、中国の外交的な勝利を裏づけた。南シナ海問題で中国とＡＳＥＡＮが協議を進める行動規範について、議長声明は「行動宣言の完全かつ効果的な履行」の重要性を確認しただけで、行動規範策定に向けた具体的な進展はなかった。

■「ＡＳＥＡＮとの絆」武器に

この問題では、海洋権益の拡大をめざす中国には、周辺国との摩擦をこれ以上高めることなく、自制と寛容を求めたい。領有権をめぐるお互いの主張には謙虚に耳を傾け、平和的な解決の道を探るというのが基本である。

しかし、中国には近年、とても抑制的とは言い難い行動も目立っている。中国の軍事戦略上、戦力展開の目標ラインとして「第一列島線」と「第二列島線」と言われるものがある。もともとは一九八二年に鄧小平氏の意を受けて、当時の劉華清・海軍司令員(後に党中央軍事委員会副主席)が作った軍近代化計画の中にある概念だが、その後は対米防衛ラインの色彩が濃くなった。

第一列島線は、九州を起点に沖縄、台湾、フィリピンをつなぐラインである。日本の防衛省は二〇一三年七月、中国軍の早期警戒機一機が、沖縄本島と宮古島の間を通過し、第一列島線を越えたと公表した。中国の航空機は第一列島線を越えた後、沖ノ鳥島の南方で折り返して中国側へ戻った。

中国の艦船がこのラインを越えたことはあるが、航空機の通過を確認したのは初めてであった。中国航空機の領空侵犯はなかったが、領空侵犯に備え、海上自衛隊の戦闘機が緊急発進して対応した。防衛省は、中国が海洋進出をさらに強めようとする一つのサインであるとして、警戒を強めた。

もしも中国が、伊豆諸島を起点に小笠原諸島からサイパン、グアムをつなぐ第二列島線へと、海洋進出の影響力を強めようとしているのなら極めて危険な動きである。

近年の動きに目を移せば、中国は二〇二〇年十一月、東アジア首脳会議(ＥＡＳ)で「南シナ海の平和を守る」と強調した。その反面、海上警備を担う海警局に外国船舶へ武器使用できる新権限を与えるなど、実効支配を強める動きも目立つ。

オンライン方式で開かれたＥＡＳで、米国のオブライエン大統領補佐官(安全保障担当)は、南シナ海などで「中国の行動が平和と安定、(周辺国の)主権を脅かしている」と批判した。中国はこの年、南シナ海で弾道ミサイルを発射する軍事演習などを強行した。米国だけでなく、日本や東南アジア諸国連合(ＡＳＥＡＮ)加盟国もＥＡＳで懸念を表明したのは当然である。

これに対し、中国の李克強首相は「中国は南シナ海の平和と安定を守ると強く決意しており、国際的な舞台での法の支配を擁護し、推進している」と強調したが、実行が伴ってきたとは言い難い。

南シナ海での領有権をめぐる紛争を防ぐために重要なのは、法的拘束力のある「行動規範」の早期策定である。李首相は二〇一八年末、「三年以内の交渉妥結」を表明したが、中国の軍事演習や人工島建設強行こそが、策定交渉のブレーキになってきた。

さらに懸念されるのは、中国の全国人民代表大会(国会)が二〇二〇年秋に公表した、海警法草案である。中国が管轄する海域で違法に活動し、停船命令などに従わない外国船舶に、海警局は武器を使用できる―などと規定された。中国側の一方的な判断で武器使用できるような権限強化を、ＡＳＥＡＮは強く警戒している。

東シナ海情勢への影響も深刻だ。同年秋の日中外相会談で、日本側は沖縄県の尖閣諸島問題で懸念を示したが、来日した王毅外相は「日本漁船が頻繁に敏感な海域に入っている」と反論した。

日本領海に中国漁船の保護を名目に海警局船舶が侵入するケースが目立っているのが実態であり、新権限によって不測の武力衝突すら招く危険性もある。EASで菅義偉首相が南、東シナ海情勢について「法の支配、開放性と逆行する動きが起きている」と、中国を念頭にクギを刺したのは当然である。

二〇二〇年十月下旬に北京で開かれた共産党の重要会議「五中全会」では、南シナ海での敵国空母の航行阻止を想定した軍事訓練など「戦争に備えた訓練の全面強化」が確認されたという。EASという国際会議で李首相が明言した「平和と安定を守る」という約束と、言行不一致が過ぎるのでないか。

ここで歴史を振り返れば、一九七七年に、福田赳夫首相は東南アジア外交で

▽日本は軍事大国にならない
▽心と心の触れ合う関係をつくる
▽対等なパートナーになる

―などを柱とする福田ドクトリン(原則)を公表した。

日本の歴代政権はこの精神を貫徹し、長い交流のあるＡＳＥＡＮとの関係をさらに深める必要がある。特に、対中関係ではＡＳＥＡＮとの絆が重要で効果的である。

だが、そうしたＡＳＥＡＮとの連携が、中国に「対中包囲網」との疑念を強めさせるようなことがあれば、逆に地域全体の未来を損ないかねない。安倍政権が、自由と民主の価値を共有する国々の「価値観外交」という側面を強く打ち出し過ぎたことは、中国の警戒感を高めた面もある。

南シナ海の安定に、中国の動向が大きな影響を与えることは疑いない。「行動規範」の策定など、「平和の海」を実現するルール作りに中国がもっと積極的に参加するよう、日本政府はＡＳＥＡＮと手を携えて粘り強く働きかけるべきであろう。

第13章

葬り去られた「一国二制度」

雨傘運動で香港中心街を埋め尽くした学生ら

（2014年10月、香港で、筆者撮影）

■悲願の「台湾統一」遠ざける

習近平政権が二〇二一年ごろから「愛国者治港(愛国者による香港統治)」を声高に訴え始めた。この前年から「香港国家安全維持法(国安法)」制定で統制を強めており、その後、なりふり構わず香港の中国化に乗り出したように映る。

英国との香港返還交渉で、将来の台湾統一をにらんで鄧小平が編み出した「一国二制度」という政治的な知恵を踏みにじる習氏の香港統治は、悲願とする台湾統一を遠ざけるだけではないだろうか。

中国の香港政策の責任者である夏宝竜・香港マカオ事務弁公室主任は二一年二月、香港の公務員や議員は「愛国者でなければならない」との方針を示した。これを具体化し、香港民主派を排除するための選挙制度改正案が、北京で三月に開かれた全国人民代表大会(国会)で採択された。

もちろん、こんな重大な政策が夏氏の一存で打ち出されるわけもなく、習氏が一月に「愛国者治港」を唱えたことに夏氏が敏感に反応したのだろう。習氏の地方勤務時代に部下として仕えた夏氏は、これまで香港問題とは無縁だった。香港を中国化する総仕上げ役として習氏の忠臣に白羽の矢がたったと見るのが妥当であろう。

香港ではこの時期、気になる動きもあった。香港当局は、国安法違反容疑で逮捕していた民主派元議員ら四十七人を一斉に起訴し、次々に公判を開いた。性急な動きの狙いは民主派の壊滅に違いない。

香港では二一年秋に立法会(議会)選挙があり、二二年五月には行政長官選挙が実施された。国安法違反に問われた民主派元議員らは「愛国者でない」として、将来も出馬の機会すら閉ざされる可能性が高い。

二〇一四年の雨傘運動などに手を焼いてきた中国は「国安法」で民主化運動を抑え込んだうえに、中国に有利な選挙制度により、〝合法的〟に共産党支配に従順な香港を作ろうとしている。

中国共産党は二一年七月に創建百周年を迎えた。党総書記として異例の三期目を狙う習氏の立場だけから見れば、台湾統一への道筋を付けることが、共産党統治の正統性を示し、自身の政権基盤を盤石にする最高のパフォーマンスであるのは疑う余地もない。

そのためには、国際社会が注視する香港で、「一国二制度」の壮大な歴史実験を成功させることが、台湾の人たちの心をぐっと引き寄せる最善の策だったはずだ。

しかし、香港の中国筋によると、「台湾の平和統一のため、香港の一国二制度成功をアピールする必要はないと考える中国高官が増えている」という。中国が台湾の武力統一の選択肢を放棄していないとはいえ、それを公言する動きすらあるのが気がかりだ。国防省報道官は二一年一月の記者会見で、台湾独立の動きは「戦争を意味する」とまで言い放った。

中国軍機が近年、次々と台湾の防空識別圏に進入し、威嚇を強めている。さらに、中国は「害虫がいた」という理由で、輸出量の九割以上が自国向けの台湾産パイナップルの輸入を同年三月から突如禁じ、台湾を揺さぶった。

しかし、軍事、経済面で圧力をかけることは、中国の強権体質への嫌悪感を生むだけである。なぜなら、台湾も国民党独裁の下で戒厳令が敷かれるような暗い時代を経て、民主的な価値を大切にする社会に到達したのである。

台湾の蔡英文総統が続投を決めた二〇二〇年の総統選で、勝因の一つになったのは「今日の香港は明日の台湾」という訴えだった。民主化運動を力で押しつぶす中国への警戒感や違和感が多くの台湾人に共感されたのである。

今や、台湾で社会の中核になってきたのは「天然独」と言われる、一九九〇年代以降に民主台湾で教育を受けた世代である。この世代は「老台独(台湾独立を主張する古い世代)」とは全く違い、「台湾は現実的には独立している」と考えている。「自分は台湾人であり、中国人ではない」という台湾人意識も強烈だ。

二期目の蔡総統は中台関係の「現状維持」という抑制的な政策を堅持し、世論調査では八割近い人がこの政策を支持してきた。やがて台湾社会を引っ張っていく「天然独」の世代も、不必要に中国を刺激しないため、現実的な選択肢として「現状維持」の道を取るかもしれない。

ただ、この世代の間に、香港で「一国二制度」を認めなかった中国を、統一の相手とみる価値観が広がっていくとは思えない。

国際金融都市という「金の卵」をつぶしてまで、香港を強権的な統治に組み込もうとしている中国。そのやり方を目の当たりにした台湾の「天然独」の耳には、力の信奉者からの「一緒になろう」というラブコールはむなしく響くに違いない。

■台湾高官「二五年には中国が侵攻能力」

二〇二一年秋に台湾海峡の緊張がこれまでになく高まった。中国が台湾周辺空域に軍用機を侵入させるなどした挑発が最大の原因だが、対抗するように、米国やカナダの軍艦が共同で台湾海峡を通過。台湾有事の可能性すら排除できない危険な状況である。

中国は十月一日以降、百五十機以上の戦闘機などを台湾の防空識別圏に侵入させた。台湾軍はその度に緊急発進で対応している。

台湾は同年十月、中国に続き環太平洋連携協定(TPP)に加盟申請したほか、米国は台湾との交流レベルの格上げと促進を図っている。中国の台湾威嚇はこうしたことへの反発もあろう。

党総書記三期目続投を狙う習近平国家主席の最大の狙いは、台湾問題で米国の干渉排除を徹底することである。習氏は同年の辛亥革命百十年大会の演説で、台湾統一を「必ず実現する」と強調。「外部からのいかなる干渉も許さない」と述べ、軍事的威嚇の目的が「外国の干渉排除」にあることを自ら明確にした。

台湾の蔡英文総統は「現状維持が我々の主張だ」と冷静に従来通りの姿勢を示した。中国が自らの主張を押し通そうと一方的に現状変更のための軍事的威嚇を繰り返すのは乱暴すぎる。

台湾の邱国正国防部長(国防相)は「中国が二〇二五年には台湾に侵攻できる能力を持つ」と公言。その発言は、現在の台湾情勢の深刻さを物語る。

そうした事態に対応するため、米加両国は共同で軍事的威嚇に踏み切ったのかもしれないが、力を振りかざす威嚇の応酬は偶発的な台湾有事を招きかねない。

中国は一九九六年、台湾初の民選総統選で李登輝氏の当選を阻むため、軍事演習として台湾海峡にミサイルを発射。これに対し米海軍が空母機動部隊を派遣し、台湾海峡が一触即発の危機を迎えたという歴史を忘れてはならない。

■ウクライナ侵攻の中台関係への影響は

それから四半世紀を経て、世界は新たな危機を迎えた。二〇二二年二月のロシアによるウクライナ侵攻は一歩間違うと第三次世界大戦にもつながりかねない蛮行だったが、東アジアでは中台関係に大きな影響を及ぼす。ロシアと緊密な関係にある中国が、ウクライナ侵攻への国際社会の反応を探りながら、台湾への武力行使というシナリオの現実性をシミュレーションする可能性があるからだ。

二〇二二年五月の段階で、ロシアのウクライナ攻撃は激しさを増すばかりだが、ロシアに他国よりも強い影響力を持つ中国からは、率先して停戦を求める行動が見えなかった。李克強首相は三月の全国人民代表大会(全人代＝国会)閉幕後の記者会見で、ウクライナ情勢について「深い憂慮」を示す一方、「国際社会とともに、平和を回復するために積極的な役割を果たしたい」と述べるにとどまった。

ロシアが核兵器使用までちらつかせて威嚇するような危機的な事態になっているのに、中国はロシア非難を避け、日米欧などの対ロ経済制裁にも反対してきた。李首相の「憂慮」発言は、ロシア寄りの姿勢に国際社会から批判が強まったため、自国の立場を守るため一定の配慮を示したにすぎないように映る。

その後の米中高官協議で、米国は中ロの協力関係に懸念を示したが、中国は北大西洋条約機構（NATO）の東方不拡大を求めるロシアに理解を示した。中国がロシア擁護の姿勢を転換しなかったことに国際社会の失望は大きい。

中国は国連安全保障理事国であり、北京五輪に合わせた国連の「五輪休戦決議」も主導した。その休戦決議期間中にロシアは侵攻に踏み切ったのであり、真っ先にその振る舞いをただすべき立場である。市民に多くの犠牲がでている攻撃をやめさせるよう、仲介工作などで積極的に動くべきであった。

肝心の台湾武力統一の可能性だが、中国はその選択肢を放棄していない。ただし、中国の軍事情勢に詳しい日本の専門家らは、ロシアのウクライナ侵攻以前は「台湾への武力侵攻は考えがたい」と見ていたという。その理由としては①現時点での中国軍の能力不足②武力行使のリスクが高すぎる③台湾占領の困難さ―などを挙げていた。

そうした折、二〇二二年八月のペロシ米下院議長の台湾訪問強行は、一九九六年の台湾海峡危機を越える緊張をもたらした。中国は台湾周辺で実弾軍事演習を続け、台湾本島への攻撃の模擬演習まで行った。米中の偶発的な軍事衝突の危険性はこれまでになく高まってしまった。

台湾問題では、共産党統治の正当性にも関わる台湾統一を、中国が決して譲ることのできない「核心的利益」と公言していることを忘れるべきではない。

何よりも、習近平国家主席が台湾武力行使に踏み切るような事態を、国際社会がスクラムを組んで防ぐ努力が必要である。不測の事態を招かないためには、米中が平時から意思疎通のための対話のチャンネルを確保しておくことが重要だ。日本も欧米諸国と連携し、中国の独断専行を抑制するための外交力発揮が求められる。

■李元総統の「台湾人の悲哀」

台湾を語るのに忘れてならないのは、李登輝元総統である。二〇二〇年に九十七歳で死去した李氏は晩年、「新・台湾の主張」(ＰＨＰ新書)の中で、「政治というのは結局、協調である。政権を握ったからといって、与党が政治のいっさいをコントロールするわけにはいかない」と述べている。

これは、台湾政界での国民党から民進党への政権交代をめぐる述懐である。中国共産党の一党支配が続く大陸への批判ではないが、独裁的な統治に断固反対する姿勢こそ、李氏の真骨頂であるといえる。

それが、一九九六年に自ら実施した初の総統直接選挙で五四％の得票率で当選し、台湾史上初の民選総統になった原動力だった。

台湾統一を悲願とする中国は、李氏を「台湾独立論者」と痛烈に批判してきたが、李氏は何よりも民意を重んじる政治家であったと評価されるべきであろう。

李氏を語る時、忘れてはならないのは「台湾の悲哀と誇り」を自身が強く感じ、その思いを台湾統治に結実させてきた政治家であるという視点であろう。

李氏は九〇年代初め、台湾を訪れた作家の司馬遼太郎氏と対談し「台湾人に生まれた悲哀」に言及した。その悲哀とは、戦前の日本植民地時代には日本人として扱われながら、本土出身の日本人と差別され、祖国復帰後は大陸から来た外来政権が権力を握り、台湾人が抑圧されてきた歴史である。

それだけに、九六年の総統直接選について、李氏は「国民党の総統ではなく、台湾の有権者が選んだ台湾人の総統ということになる」と強調した。この選挙こそ台湾人が誇りを取り戻した第一歩と、李氏は感じたに違いない。

李氏は日本語に堪能で親日家として知られる。「誠実、責任感、勤勉などの日本精神を日本統治時代に学び、台湾人が自らの誇りとした」と称えたことは、日本人として率直に感謝したい。

だが、東アジアの政治指導者の一人である李氏が若き日、学徒出陣で出征し、旧日本陸軍少尉として名古屋で終戦を迎えた歴史からも目を背けることはできない。

戦前の日本が、アジア諸国を侵略し、李氏の心から終生離れることのなかった「台湾人の悲哀」の一端をつくった責任は否定できない。李氏自身は批判していないが、こうした負の歴史の教訓を私たちは忘れるべきではない。

■中国と香港の「愛国」

香港独立を図る言動などを犯罪とし、最高で無期懲役刑に処することのできる香港国家安全維持法(国安法)が二〇二〇年に施行された。一党独裁国家が牙をむいた恐ろしさを見せつけられたような出来事だった。

中国が「五十年間守る」と国際公約した香港の「一国二制度」は、今や風前の灯だ。中国は香港に対する強権統治を露骨にしただけでなく、愛国心の強制を通じた「香港の大陸化」を図ろうとしている。

民主的な香港を守れるかどうかの大きな節目は二〇一四年秋の「雨傘運動」であった。行政長官を市民の一人一票で選ぶ普通選挙の実現を目指した。学生らが香港中心街に座り込み、非暴力の抗議を続けた。しかし、最終的には警察に強制排除され運動は挫折した。

この運動の先頭に立ったリーダーが当時「民主の女神」と呼ばれた周庭氏や黄之鋒氏ら若き民主活動家たちである。周氏らは一九年の香港警察本部への抗議デモを扇動した罪で逮捕され、二〇二〇年十二月に禁錮十カ月などの実刑判決を言い渡された。

厳しい判決は、彼女たちに代表される若い香港人の「愛国教育反対」の主張が、「愛国イコール愛共産党」の図式で大陸を統治し、それを香港にも持ち込もうとする中央指導部に最も目障りだからだろう。

返還後の香港では、「一国二制度」実践の一環として、時事問題を学ぶ「通識科（教養科目）」が高校で必修とされた。その成績が抜群だったという黄氏は、社会問題について主体的な判断力を持つ民主的な香港の申し子のような世代の代表であろう。

香港とは対照的に、大陸では習近平政権が大学で「報道の自由」「共産党の過ち」などを教えてはいけないという「七不講」の通達を出した。さらに、一二年ごろから、通識科と対極にある「愛国国民教育」を香港の小中学校に導入させる試みを始めた。

この動きに抵抗するため、黄氏らが学生団体「学民思潮」を結成した。愛国国民教育の授業では「中国共産党は進歩的で無私で団結している」などと教える内容もあり、学民思潮の若者は市民も巻き込んで「洗脳教育だ」と抗議デモを繰り広げ、香港政府に正式導入を断念させたのだ。

まずは、教育面から香港の「高度な自治」を骨抜きにしようとした中国との戦いに、香港の若者たちは勝利してきたのだ。しかし、一四年の雨傘運動では、長期の座り込みで市民生活や経済が犠牲になった。「理念だけで飯が食えるのか」という批判が商店主などから若者に向けられ、社会は分断されてしまった。

民主主義を守る意識の高かった香港の若者たちの「都市革命」は共感を得たものの、市民にはそれぞれ守るべき生活もあったのである。

挫折したとはいえ、雨傘運動のパワーに衝撃を受けた中国は強硬策に転じた。習近平国家主席は一七年七月の香港返還二十年記念式典で「中央の権力に対するいかなる挑戦も絶対に許さない」と激烈な調子で香港独立論を攻撃し、一九年には「逃亡犯条例反対デモ」を弾圧し、香港の「一国二制度」を死の淵に追いやった。

そして、中国は最後の仕上げとして、再び愛国を通じた中華民族の一体化により、香港でも共産党への絶対忠誠を実現する構えだ。国旗の尊厳を損なう行為を禁じ、愛国心を高揚させることを目的とする国旗法改正案を二〇年十月に可決した。関連条例を改正し、香港にも適用した。

しかし、香港民意研究所の同年の世論調査では、香港の十八歳から二十九歳の若者の八割超が「自分は香港人」と回答している。中国がこれほど無理をして「一国化」を進めようとしても、香港人には中国人という意識は希薄であり、共産党支配下の中国に愛国心を持つことは難しいのである。

「愛国無罪」という言葉は、八九年の天安門事件のスローガンの一つだった。「国を愛する行為は罪にならない」という意味だ。ただし、この「愛国」は「愛国イコール愛共産党」のそれとは違うのである。

むしろ、共産党政権の武力弾圧に抗議する反政府運動を正当化するための「盾」として使われた。大陸においてさえ、共産党政権への忠誠を意味する「愛国」は、党指導部が強権で国民を抑え込んでいることの証左でしかない。

判決の前、黄氏は「生まれた街の自由を守るため、抗議の場は監獄に移る」と述べた。香港人が今も愛せるのは民主的な香港であり、中国ではありえない。民主主義社会に生きる私たちこそ、黄氏らの戦いを支援し続けなくてはならないだろう。

■香港「雨傘運動」は挫折したのか

時間を二〇一四年秋に巻き戻してみよう。香港は雨傘運動で高揚していた。行政長官選の民主化を求め、香港中枢を埋め尽くしたおびただしい黄色の傘、傘、傘――。それは抵抗のシンボルであった。

有権者一人一人が一票を行使して長官を選ぶことのできる普通選挙を勝ち取ろうと、路上に座りこみ、非暴力の抗議を続けた若者たちの熱気が渦巻いていた。

中国の意を受けた香港政府の強制排除により、七十九日間に及んだ雨傘運動は終結させられた。最大時には十万人を超える市民が街頭に出て抗議デモを続けた雨傘運動は、何も成果を得られずに挫折したと批判される。

果たしてそうだろうか。若者たちの戦いは香港社会を政治的に目覚めさせ、民主を希求する気持ちをより強くさせたといえる。

その証左ともいえるのが、二〇一九年六月の香港デモの再燃であろう。香港政府が強行しようとした「逃亡犯条例」改正反対を発端に民主化を求める住民デモが続き、香港警察は強硬策で制圧を図ってきた。

しかし、民意は中国や香港政府の思惑とは違う大きなうねりとなった。同年秋の香港区議選で、改選前に議席の約七割を占めていた親中派は大敗し、一九九七年の香港返還以降、初めて民主派が獲得議席総数で過半数を占めた。

「一国二制度」を踏みにじる中国の姿勢に、「ノー」を突きつける香港の民意が明確に示されたといえる。

こうした激動ともいえる香港の「政治の季節」を語る時に忘れられないのが、逃亡犯条例反対のデモでも活躍した民主派政党「香港衆志(デモシスト)」常務委員だった周庭氏である。雨傘運動の現場では十代の女子学生リーダーとして活躍し、「香港民主化の女神」とも呼ばれた。

周氏とデモシスト秘書長の黄之鋒氏は一七年六月に来日し、東京の日本記者クラブで記者会見を開いた。二人とも香港返還の前年に生まれた、当時わずか二十歳の若き民主活動家である。

雨傘運動のリーダーの一人として陣頭指揮をとった黄氏は会見で「香港人の権利は侵害され、中国の国際公約であるはずの『一国二制度』は『一国一・五制度』にされてしまいました」と訴えた。

会見後の質疑応答の機会に、私は周氏に若き民主化運動リーダーとして、特に日本の若者に訴えたいことを質問した。周氏が、独学したという日本語で、日本の若者に訴えかけた言葉は、実に心に染みるものであった。

「皆さんが持っている民主的な権利は香港人が持っていないものです。ぜひ、大切にしてほしい。そして不正義や不公正に気づいたら声を上げてほしいと思います。そうしないと民主主義は死にます」。

ひるまず声を上げ、真の民主を求めて戦い続ける姿に、私たちこそ、手にしているはずの民主的な権利を大切にしているだろうかと自問自答させられる思いだった。

黄氏や周氏が訴えるように、近年の中国には民主主義や言論の自由を強権的に踏みにじるふるまいが目立つ。「高度な自治」を五十年間保障すると中国が国際公約した「一国二制度」は葬り去られたと言っても過言ではない。

■香港「リンゴ日報」の廃刊

香港政府が二〇二一年八月、翌年の行政長官選で親中派長官の誕生を確実にするため、立法会(議会)の民主派議員の選挙委員資格を失格とした。香港国家安全維持法施行から一年余。中国と香港政府による、民意封殺の総仕上げにも映る。

香港政府は、長官を選ぶ選挙委員会委員に立候補していた民主派の鄭松泰議員ら二人を失格にしたと発表した。政府の資格審査委員会による初の判断で、鄭氏は議員資格も剝奪された。

鄭氏失格の理由については「香港政府への忠誠心がない」とされた。もう一人の失格者は登録要件を満たさなかったという。

実際には、香港政府は鄭氏が過去に立法会で中国国旗をひっくり返したことを問題視。中国当局者もメンバーの国家安全維持委員会にも意見を求めており、初めから行政長官選からの民主派排除を狙った審査であるのは明らかだ。

そもそも、資格審査委員会は中国の全国人民代表大会（全人代＝国会）の決定を受けて、設置された機関である。行政長官も立法会議員も「愛国者しか立候補できない」との基準で審査するというが、その実、中国の認める人しか香港政治の舞台に上れないという「政治審査」を、公平な審査に見せる装置にしかすぎない。

立法会では二〇年、中国全人代が香港政府に議員の資格剝奪権を授与したことに反発し、民主派議員が大量辞職。定数七〇のうち二十一人いた民主派は鄭氏を含む二人に激減していた。もう一人の民主派は医学会選出の非親中派ともいえる議員で、鄭氏失職で立法会は親中派の独占状態となった。

行政長官選は一七年の選挙まで、商工会や立法会代表など千二百人の選挙委員による投票だったが、二二年の長官選では、中国と関係の深い団体の委員を増やし、委員総数は千五百人とされた。

こうした親中派に有利な制度改革でも不十分と感じた中国が主導したのが、資格審査委員会を使った民主派議員の投票権剝奪であろう。それは、まさに民意を問うはずの選挙の冒瀆である。

そして迎えた二〇二二年五月の香港行政長官選。当選した警察出身の李家超・前政務官の得票率は九九％を超えた。民意を反映した選挙ではなく、中国政府が推す唯一の候補者への親中派の信任投票にすぎないことを雄弁に物語る結果であった。

二二年七月一日の香港返還二十五年記念式典には、習近平国家主席も参加し、李家超氏が行政長官に就任した。習主席は香港の現状について「一国二制度の成功」と胸を張ったが、それは中国独自の主張にすぎず、国際社会は中国が「一国二制度」を葬り去った国際公約違反を厳しい目で見つめている。

香港での言論の自由の弾圧に目を移せば、中国に批判的な論調を貫いてきた香港紙リンゴ日報が二一年六月、ついに事実上の廃刊に追い込まれた。

民主化運動を後押ししてきた同紙の廃刊は、一九九七年の香港返還時に中国が国際公約した「一国二制度」をかなぐり捨て、「報道の自由」を消滅させたあしき象徴として歴史に残るであろう。

中国は香港国家安全維持法(国安法)をフル活用し、同紙創業者や社説担当者、編集幹部らを逮捕。さらに、香港警察が同紙発行会社の資産を凍結するなどし、言論と資金両面の封殺により、強制的に同紙の口を封じたといえる。

国安法による香港抑圧により、多くの香港メディアが中国資本を受け入れ、親中的あるいは対中批判を抑制する論調にシフトした。リンゴ日報が目の敵にされたのは、独立資本を守り、香港紙で唯一国安法施行への反対などを鮮明にしてきたからである。

中国共産党は二一年七月一日に党創建百周年を迎えた。二〇一四年の雨傘運動に端を発した香港での反中的な動きが大陸での祝賀ムードに水を差さぬよう、習近平指導部はこの時期に厳しい言論弾圧に踏み切ったのであろう。

共産党は、メディアを「共産党の喉と舌」と呼ぶ。気に入らない新聞社を強引につぶすような暴挙は、メディアを単なる宣伝機関であり言論機関ではないとする大陸流の考えを香港に持ち込んだ結果である。だが、香港の自由を死なせることは断じて許されない。

第14章

未来志向の日中関係を

「平成のピンポン外交」に向け、出国前に練習する
上海テレビの呉四海さん(左)と仲間たち

(2014年5月、上海市内で、筆者撮影)

■日本人の９割「中国に悪印象」

驚くべき数字がある。日中間で相手国に対して「良くない印象を持っている」と答えた日本人の割合が九割近いというのだ。

日本の民間団体「言論ＮＰＯ」などが二〇二〇年秋に実施した日中共同世論調査によると、相手国に対する印象について「良くない」「どちらかといえば良くない」と答えた人の割合は、日本が前年より５ポイント増えて89・７％、中国がほぼ横ばいの52・９％だった。

その理由として日本側では、沖縄県の尖閣周辺への「中国側の領海・領空侵犯」が最多であった。やはりこの年も「尖閣」が日中間の最大のトゲとなったといえる。

だが、これでも相手国への感情は好転した方である。二〇一三年八月の「言論ＮＰＯ」の発表によると、相手国に「良くない印象を持っている」と答えた人の割合は、日本が前年比５・８ポイント増の90・１％、中国が28・３ポイント増の92・８％だった。

この時の調査は、中国で尖閣問題に端を発して日系企業の破壊や略奪にまで過激化した反日デモが吹き荒れた直後であり、極端な結果との見方もあるかもしれない。だが、二〇一〇年秋に内閣府が実施した世論調査でも、中国との関係を「良好だと感じない」とする日本国民の回答が、当時過去最悪の88・６％にも達していた。対中感情はじわじわと、しかも確実に悪くなってきていた。

日中の歴史を振り返ってみれば、パンダの来日などで熱烈歓迎ムードに沸いた国交正常化の直後は、中国に「親しみを感じる」との回答が八割近くもあった。まさに隔世の感がある。日中両国は一九七二年九月二十九日に正常化の共同声明に調印した。その当時、日中間の人の往来は年間一万人程度だったが、コロナ禍前の二〇一九年には、訪日中国人だけで過去最多の九百五十九万人を記録した。

相手の国をよく知らない時よりも、飛躍的に交流が増えた時期に隣国を嫌いになってしまう。こうした状況は本当に不幸であると言わざるをえない。

それでは、菅義偉政権発足後の日中関係を見てみよう。菅首相は政権発足後の二〇二〇年十月、初めて習近平国家主席と電話会談した。だが、この一年を振り返ると、会談で共有した「関係改善の基調を本物にする」との目標は達成できたとはいえない。

同年十一月の日中外相会談で、王毅外相は「日本漁船が頻繁に敏感な海域に入っている」と一方的に主張した。だが、尖閣周辺接続水域への中国海警局船舶の侵入が恒常化していたのが実情である。

一方、中国側の対日印象は悪化しなかった。中国がコロナ感染に苦しんだ二〇二〇年の年初、日本からの多くの支援物資に「山や川は違えども、同じ風が吹き同じ月を見ている」との漢詩が添えられていた。これに、中国側が率直に謝意を示し、同じ漢字文化圏の日本への親近感が高まったことが理由の一つだ。

それだけに、都市封鎖などの強権統治で感染を抑え込んだ中国が「世界は中国に感謝すべきだ」と言い放ち、国際社会の反発を招いたのは残念だ。コロナ禍は日中関係への影響では一長一短であった。

岸田文雄首相は、米国をはじめ民主主義国家との連携を強めることを基本に、経済的につながりの深い中国との関係も重視する「バランス外交」の方針を打ち出しており、その基本姿勢は歓迎できる。

二〇二二年は日中国交正常化五十周年の節目となる。延期された習近平国家主席の国賓訪日や、中国に続き台湾が申請した環太平洋連携協定（ＴＰＰ）加盟問題など、岸田政権には難しいかじ取りを迫られる課題が山積している。

岸田首相は、歴史や領土など常に日中間のトゲになってきた問題、さらには香港の自治と人権抑圧についても、中国首脳と胸襟を開いて意見交換し、首脳同士の信頼を醸成するべきである。

■人民日報「政冷経涼」と

二〇一二年八月十二日は、日中間で「主権や領土保全の相互尊重」などを確認した一九七八年の日中平和友好条約の調印から三十五年の節目であった。だが、冷え込む両国関係を映し出すかのように、盛大な記念行事は行われず、草の根レベルの交流活動も中止や延期に追い込まれたものが多かった。

三十周年の時には大がかりなシンポジウムが開かれ、十年前の二十五周年の際には、当時の福田康夫官房長官や橋本龍太郎元首相が訪中し、胡錦濤国家主席と会談した。まさに荒涼としてしまった日中関係を、中国共産党機関紙・人民日報は「政冷経涼」と表現している。「政冷経熱」と言われた時代からも、様変わりしてしまった。

国営新華社通信は、条約の調印記念日にあたる八月十二日、日中関係について「国交正常化以来、最悪の谷に陥り、これは完全に日本の責任だ」と、非難する論評を公表した。

だが、平和条約調印記念日に続く八月十五日の終戦記念日に、日中関係打開の糸口になりそうな動きもあった。安倍晋三首相は終戦の日の靖国参拝を見送り、自民党総裁として玉ぐし料を奉納するにとどめた。首相はかねて、第一次政権の時に参拝しなかったことを「痛恨の極み」と語っていた。そうした発言の重みを踏まえれば、首相は靖国神社を参拝しないという抑制的な政治判断をし、「私の対話のドアは常にオープン」との持論を、中国に対し行動で示したといえる。

続いて、安倍首相は九月五日、ロシア・サンクトペテルブルクで開かれたG20（主要二十カ国・地域首脳会議）の際に、習近平国家主席と立ったままで四、五分間、握手と会話を交わしたという。菅義偉官房長官の記者会見によると、首相は「戦略的互恵関係の原点に立ち戻って日中関係を発展させていくべきだ」と語りかけたという。

国営新華社通信によると、習氏は「日本は歴史を直視し、釣魚島（尖閣諸島の中国名）や歴史など敏感な問題について正しく処理し、問題を解決する方法を採るべきだ」と答えたという。これだけの発言なら、尖閣問題で中国外務省が繰り返す公式見解とほぼ同じであるが、習主席の発言の後半部分に注目すべきであろう。

習主席は「中日関係は厳しい困難に直面しているが、我々はそうした状況を見たいとは望んでいない」としたうえで、日中共同声明など日中間の四つの政治文書を基に「戦略的互恵関係を引き続き推進していきたい」と強調したという。立ち話のやりとりであるが、安倍首相、習主席の双方が口にしたという「戦略的互恵関係」の持つ意味は重い。

これは、簡潔に言えば、日中双方が政治や経済を中心にさまざまな分野で協力しあい、お互いに利益を得ようという考えである。

小泉純一郎政権時代に、首相の靖国参拝などにより、日中関係は悪化した。

小泉政権を継いだ安倍晋三首相(第一次政権)は二〇〇六年十月、「氷を砕く旅」として訪中し、「戦略的互恵関係」を当時の胡錦濤国家主席に提案した。二〇〇八年五月に訪日した胡氏は、当時の福田康夫首相と会談し、戦略的互恵関係の包括的推進に関する日中共同声明を出した。この声明には、日中双方が「互いに脅威にならないこと」や、「東シナ海を平和・協力・友好の海とする」などの考えが盛り込まれている。

こうした経緯があるだけに、個人的な信念や国内世論への配慮を最優先した二〇一三年末の安倍首相の靖国神社参拝は残念である。

■原点は「不戦の精神」

日中関係を長い目で見つめれば、双方の先人が築いてきた「四つの重要な政治文書」を大切にし、その「不戦の精神」を受け継いでいくほかに、関係改善の糸口を見つける有効な手段はない。

「四つの重要な政治文書」とは、一九七二年の国交正常化の時の日中共同声明、一九七八年の日中平和友好条約、一九九八年の日中共同宣言、そして先ほどから説明してきた二〇〇八年の日中共同声明である。

そして、その四つの文書いずれにも盛り込まれている精神は、「すべての紛争を平和的手段により解決し、武力または武力による威嚇に訴えないことを確認する」という、平和友好条約第一条2の内容である。実は、この条約は日中の国交正常化から六年もたって調印された。交渉が難航したのは、日中双方とも国内政局が流動化したほか、当時は米中が「ソ連反対」の意味で使っていた「覇権反対」の取り扱いをめぐり、日中間で考え方の違いがあったからである。

訪中した園田直外相と鄧小平副首相の会談記録を読み直すと、どんなことが将来の日中関係について問題になり、いかに解決していくかという洞察力のある知恵にあふれていることが分かる。

園田氏はまず「覇権」について、「日中条約の覇権問題に関連して、日本の軍国主義復活への批判など日本の将来に対する不安があることは承知している。しかし、わが国の憲法九条はまさに条約が規定した『覇権を求めない』ことを世界に明示したもので、人類の先覚的な誇りである。(中略)中国もこれから近代化を進めて繁栄し強国になっても『覇権を求めない』ことを実証してほしい」と求めた。

これに対し、鄧氏は「中国自身も『覇権を求めない』ことで拘束を受けることを認める。また東南アジアの国の中に（中国の将来に）不安があることも認める。今後こういう不安を抱かせることのないよう行動したい。（中略）軍国主義復活批判などアジア諸国の中に、日本に対する不安があることも承知していると思う。中日両国はともに覇権を求めないことを確認しよう」と応じた。

まさに、園田氏、鄧氏とも自らの国の置かれた立場を冷静に見つめ、覇権を求めないことを内外に約束する条約であるときちんと認識して発言していると言える。

そのうえで、園田氏は「われわれは覇権に対して断じて抵抗する。相手がソ連であろうと米国であろうと中国であろうと反対する。ただし、率直に言うと、この条約締結はアジアの平和、繁栄につながる新しい秩序をつくるためのものであり、ソ連に対抗するために中国の戦略に巻き込まれるのは反対だ」と、クギも刺している。

さらに言うならば、この条約の調印によって、これまで日中友好協会など民間組織が大きな役割を担ってきた日中関係は、政府同士が前面に出て動かしていくことになった。

条約の調印では、園田外相と中国の黄華外相が署名し、一九七八年十月に批准書が交換されて発効した。

条約には、主権や領土保全の相互尊重や、紛争の平和的手段による解決などが盛り込まれた。一言で言えば、日中の先人が条約に込めた思いは、不戦の精神であったといえる。

「不戦の精神」の原点に立ち返れば、わが国は「植民地支配と侵略」に対する痛切な反省と心からのおわびを表明し、日中共同宣言にも引用された「村山談話」の重みを忘れてはならない。日本政府はいかに政権が代わろうとも、その精神を引き継いでいく責任がある。

中国は大国となり、「中華民族復興の夢」を掲げる。だが、その目指すべきは、平和的台頭のほかにはありえないことは、鄧氏自身が語った通りである。

■葬られた「対日新思考」

日中両国の国民がお互いを尊重し、理解しあうためには、双方の知識人の責任も重いといえる。特に、言論の自由が制限される中国では、等身大の日本が伝えられにくいことが気がかりである。

日本在住のある中国人学者から「中国に帰って日本の良い面を伝えると非難されることもあり、ありのましゃべれない」との悩みを聞いたことがある。

中国には「表態」という言葉がある。態度を表明し、立場をはっきり示すという意味で使われる。中国では知識人であるほど、共産党や政府の見解と同じであると「表態」しないと、本国での自分の立場や地位が危うくなりかねないことは事実である。

しかし、等身大の日本を知る、社会的に影響力のある人たちが、中国の民衆に正確な情報や知識を伝えられないとすれば、両国にとって悲しむべきことである。

そうした中でも、勇気をもって、自分の考えや信念を公にしてきた知識人もいる。

中国共産党機関紙・人民日報の評論員(論説委員)だった馬立誠氏は二〇〇二年十二月、改革派の有力オピニオン雑誌「戦略と管理」誌上に「対日関係新思考　中日民間の憂い」を発表した。主張の要点は、「過去の侵略戦争に対する日本の謝罪問題は〝解決済み〟とし、狭隘《きょうあい》な民族主義を捨てて新たな未来志向の中日関係を築こう」というものである。「対日新思考」と呼ばれた。馬氏は、歴史問題は解決済みと指摘したほかにも

◇日本に軍国主義復活の危険はない

◇中国は古い対日観を捨て、日本ともっと接近すべきだ。今の対日観は感情的で未来志向に欠けている――などの主張をした。

「対日新思考」の第二弾としては、二〇〇三年春、国際政治の専門家である時殷弘・中国人民大学教授が「戦略と管理」に「中日接近と外交革命」という論文を発表した。

時教授は

◇中日両国が敵対感情を悪循環させれば日本国内の反中感情が高まり、中国にも危険だ

◇米国の覇権主義をけん制するためにも、中国は歴史問題を棚上げして日中接近を図るべ

きである

◇日本の国連安保理常任理事国入りを支持せよ—などと主張した。

馬氏の論文に対しては、中国社会科学院日本研究所の馮昭奎・元所長をはじめとして中国国内で支持する声もあったが、「売国奴」「民族の裏切り者」などの感情的な批判の大合唱が起こった。

しかし、中国共産党の反応を注意深く見ると、最初からこうした「対日新思考」に真っ向から反対し、押さえつけようとしたわけではないことが分かる。

二〇〇三年七月には、党中央宣伝部が出版する月刊誌「時事報告」が、馬、時両氏を含む四人の学者を招き、対日関係をテーマにした座談会を開催した。誌面では、魯世巍・武漢大学教授の「二十一世紀を迎えた中国は、歴史の怨念を乗り越え、戦略的信頼関係を強めよう」との発言も紹介された。

党や政府に歓迎されるような「表態」を重視する知識人と比べ、馬氏らが打ち出した「対日新思考」は、中国国内では進退をかけた勇気ある発言である。中国国内では、馬氏や時氏は対日関係の専門家ではないとの批判もあったが、その対日認識に共感する日本人は多いと思う。

「時事報告」が座談会を開いたことを見ても、共産党ですら「対日新思考」に一定の関心を示し、世論の受け止め方を探ろうとした形跡がある。だが、最終的に風向きは変わった。初めは「対日新思考」を支持する意見もあった中国社会科学院も、馬氏の考え方に批判的な態度を取るようになった。その背景には、「対日新思考」が目指す方向とは全く正反対に、現実の日中関係の悪化が顕著になったという点を指摘できる。

小泉純一郎首相が二〇〇三年一月に三回目の靖国神社参拝をし、二〇〇四年一月には四回目の参拝をした。中国では反日デモや日本人留学生への暴行事件が起こった。

そうした状況を注意深く観察した結果、中国当局は、とても今は「対日新思考」を受け入れられる環境にはないと判断したのであろう。

だが、「対日新思考」をめぐる一連の騒動から、日中双方の人たちが教訓をくみ取ることもできたといえる。

中国の特に知識人にとっては、党や政府が今は公認していない言論であっても、中国当局が耳を傾ける余地はあることを学んだということである。それがすぐにお墨付きをえるかどうかは別の問題で、現実にはかなり厳しいといえる。だが、政治の風向き次第で統制の強弱はあるものの、議論までは封じられない可能性を見いだしたのではないか。

むろん、中国の知識人には「百花斉放・百家争鳴」の苦い記憶もあり、党や政府に忠誠を尽くす「表態」から抜け出すのは、そんなに容易ではない。

毛沢東のかけ声で、知識人がおそるおそる共産党の官僚主義を批判し始めるや、ブルジョア右派として弾圧された負の歴史は、中国の知識人の脳裏に焼きついている。

日本人にとっての収穫は、中国の特に知識人の勇気ある言論を通じて、正確で等身大の日本を伝えようとする努力はすぐに成果は得られなくとも、決して無駄ではないという希望を感じ取れたことである。

■「エリゼ条約」から学ぶ

社団法人・日中協会の故・白西紳一郎理事長が、同協会編集の「日中月報」二〇一三年七月号の特別インタビューに答え、今後の日中関係について、歴史から学ぶべき提言をしている。日中はどう付き合うべきかを考えるうえで耳を傾けるべき有益な提言であるので、その要点を紹介したい。

白西理事長は「日中は隣国同士であり、ヨーロッパでいえばフランスとドイツの関係に似ている。仏・独はアルザス・ロレーヌの資源問題で何回も戦争して奪い合いましたが、欧州連合(EU)をつくる中で、たとえもめごとがなくても両国首脳が年に何度も対話を重ね、平和友好関係を維持している」と指摘し、日中関係もこの歴史から教訓を読み取るべきであると提言している。

具体的には、白西理事長は「一九六三年の『仏・独協力条約（エリゼ条約）』の精神に学ぶべきである」と提言している。一九六三年にパリのエリゼ宮で調印された条約は、最低でも年に二回の首脳会談、年に四回の閣僚会議（外相、国防相）のほか、大規模な青年交流などを義務づけている。条約ができてからの半世紀で、青年交流で両国を行き来した若者は七百五十万人にもおよぶという。

近年の日中間の約十万五千人（二〇一一年）という留学生に比べても、独仏間青年交流の層の厚さは半端ではない。こうした「等身大の相手」を知る、若い世代のすそ野の広がりは、相互理解に役立つだけでなく、双方の国で万一の危機を回避する安全弁として有効であるだろう。

五百回を超える訪中歴を持つ白西理事長は「日本は、中国人の智力、労働力、市場、資源力、ハード力、文化・歴史力、観光力などに期待しているし、中国は、日本人の環境・省エネの技術力、ソフト力、勤勉、清潔などに興味を持っている。互いに相手が必要なのです」と指摘する。そのうえで、「日本と中国には〝好き〟か〝嫌い〟かという感情論ではなく、〝必要〟か〝必要でない〟かという理性的な判断が求められているのです。互恵は互敬に通じます。尊敬し合える隣人になりましょう」と提言している。長い目で冷静に日中関係を見つめてきた先人の、重く深い言葉であると受け止めたい。

■日中政治家「不戦の決意」共有を

それでは、冷えきった日中関係を改善し、今後も良好な関係を続けていくにはどうしたらいいのであろうか。何よりも重要なカギを握るのは、双方の指導的立場にある政治家の努力である。日中双方の政治家が「決して再び戦争を起こしてはいけない」という決意を共有し、それを担保できるような政治的信頼関係を構築することが大切である。

そのためには、双方の政治家が一九七二年の日中共同声明に始まる「四つの文書」の精神をお互いに守ることを不断に確認しあうべきである。

「四つの文書」に共通する精神とは、すでに述べたように「すべての紛争を平和的手段により解決し、武力または武力による威嚇に訴えない」ということである。日中間の波がどのように高く激しい時でも、首脳あるいは最低でも外相クラスが定期的に会談する政治メカニズムを構築することが肝要であるということを、エリゼ条約が教えている。

さらに、心ある日中の政治家には個人的な信頼関係を築いてほしい。国交正常化以降の日中関係を振り返れば、教訓とすべき政治家同士の交流として、一九八〇年代の中曽根康弘首相と胡耀邦総書記時代の信頼関係が特筆できる。二〇〇〇年代の初めは、野中広務官房長官と曽慶紅国家副主席の個人的な信頼関係が日中関係を支えた。

こうした指導的な立場にある政治家同士の強固な絆は、外交的なパイプが機能不全に陥った危機的な状況でこそ大切であり、その威力を発揮する。

地方にも目を配りたい。中央レベルの政治家の交流に加え、地方の政治家同士が個人的な信頼関係を醸成することを提言したい。日本と中国の間には友好都市提携だけで、一九七三年の神戸市と天津市の提携を皮切りに三百六十四件(二〇一八年十二月現在)もの友好提携がある。そうした都市間の友好提携を基礎に、日本の知事と中国の省トップである省書記や省長、日本の市長と中国の市書記や市長が個人的な絆を深めることも有益である。

そうした意味では、安倍政権下で日中関係が冷え込み、地方指導者も中央の顔色をうかがうように交流に臆病になっていた二〇一六年九月、愛知県の大村秀章知事が訪中し、友好関係にある江蘇省の石泰峰省長と南京市で会談し、地方レベルの交流を日中関係改善の追い風にしようとしたのは、勇気ある決断と行動であった。

政治家同士のつながりに深みと広がりが加わることは、日中間でさまざまなひずみが表面化した際に、必ずや問題解決のための安全装置として働くであろう。中国で「人治」が「法治」よりも優先することの弊害はこれまで批判してきた通りである。だが、政治家の裁量が大きい中国の政治制度を考えると、政治家の個人的信頼関係の重要性は見逃せないものがある。

■若い"知日派"を育てる

さて、尖閣問題が暗礁に乗り上げ、安倍晋三首相の靖国神社参拝後は政治や外交のパイプがうまく機能していない今、対話の糸口となるような、民間交流の大切さもあらためて考えてみたい。

言うまでもなく、平和友好条約の締結までは、地道な民間貿易の推進が国交正常化へとレールを敷き、民間組織が日中関係を支えてきた。日中関係が冷え込んでいた二〇一四年でも、駐在していた上海で目を凝らしてみれば、地道な民間交流は続いていた。

日中友好を願って二十七年間にわたり桜を植える活動を続けている日中共同建設桜友誼林保存協会（新発田豊会長）の一行は二〇一四年三月末、無錫市で開かれた太湖国際桜祭り花見ウィークに合わせて訪中し、愛知、岐阜、三重、長野、埼玉県から参加した十五人が市内の公園で二十本の桜の苗木を植えた。

亡くなった保存協会の前会長が「二度と不幸な戦争が起きないように」との願いを込めて

桜を植える活動を始めた。遺志を継いだ新発田会長は桜を植えた公園で「関係が悪い時期だからこそ、魂を込めて日中の絆を次世代につないでいきたい」と、力強く話した。

中国や日本の地方政府や行政機関が、手を携えて交流活動を後押ししていることも見逃せない。中央政府間の関係が悪化しているからこそ、勇気ある建設的な姿勢であると評価したい。花見ウィークの一連のイベントは、太湖で名高い無錫市の人民対外友好協会が主催し、駐上海の日本総領事館、韓国総領事館などが共催した。

日本の三味線、韓国伝統の豊作を祈る農楽、中国人歌手の独唱など三カ国の伝統文化の披露があり、上海総領事館の小原雅博総領事をはじめ、日本、中国、韓国の人たちが参加して友好を深めた。

二〇一四年五月には、上海テレビの日本語番組キャスター、呉四海さんらが民間卓球チームをつくって訪日し、東京や名古屋で「平成のピンポン外交」ともいえる交流活動が実現した。一九七〇年代に米中関係改善のお膳立てをし、日中国交正常化につながったのが名古屋を舞台にしたピンポン外交である。「小さな白球が地球を動かした」とまで言われる大きな出来事として、歴史に刻まれている。

「平成のピンポン外交」は、凍てつく日中関係に心を痛める民間の人たちが、関係改善の雰囲気と土壌を準備しようとしたものである。そうした民の力を受け継ぎ、力強く扉を押し開けるのは政治の役割であることを、両国の政治家には忘れてほしくない。

歴史を振り返れば、国交正常化三十周年の機会に訪日した全国人民代表大会（全人代）の李鵬常務委員長は「若い世代の友好の感情を育てよう」と強調した。民間交流の中でも、特に若い人たちの本音のつきあいが、日中関係を支えるという認識を、中国指導者も強く持っていたといえる。

胡耀邦元総書記は、そうした認識をすでに実行にも移していた。一九八四年の九月から十月にかけて、三千人の日本の若者を中国に招待し、青年交歓活動を繰り広げた。上海の空港に到着した日本からの第一陣を、千二百人もの中国の青年代表らが出迎えた。その時に、中国側の青年を率いた中華全国青年連合会の主席が、後に中国の国家主席となった若き日の胡錦濤氏であった。

若い時代に外国を訪れ、自分の目でその国を見た記憶は鮮烈である。まして、温かく迎えてもらったのであれば、その思い出は強く心に刻まれる。

日中間にはそうした過去もあるのに、最近の状況を見てみると、二〇一九年のデータによると、日本人の中国留学生は一万四千七百人、一方、中国人の日本留学生は十二万四千四百三十六人と十倍近い差がある。もちろん人口の差もあるが、若い日本人の中国理解という点では、この留学生の差は非常に気がかりである。日本からの留学生をもっと増やす努力が求められる。

実際に隣国に住み、その文化や風土、人間性を肌で感じることは、相手の国を理解するうえで、必ずや大きな力になる。中国の若い人たちに、本当の日本の姿を見てもらうことも大切であろう。

一九九〇年代に愛国教育を受けた世代が、反日デモで「対日開戦」などの物騒なプラカードを掲げた。しかし、実際に日本を訪れてみれば、平和国家の道を歩む今の日本には、中国と武力紛争を構える雰囲気など毛頭ないということを感じるのではないか。

もう少し、生活レベルの話に目を向ければ、日本を初めて訪れた中国の若者たちは、日本人の礼儀正しさや優しさ、街の安全性や清潔さ、サービス産業のレベルの高さなどに驚くに違いない。

一九九〇年代に愛国教育を受けた世代よりもさらに下の、「九〇後」(一九九〇年代生まれ)と呼ばれる若者たちの中には、日本のアニメなど高い水準の文化に接し、純粋にあこがれの気持ちを持つ人たちも多い。

何も、若い世代の中国の人たちの中に、親日派を育てようと意気込む必要はない。正確な日本理解に基づいて判断し、行動できる「知日派」を育てていくことが、未来志向の日中関係を育てる土壌になるものと期待したい。

天安門事件で国際的に孤立した中国に、日本は先進国でいち早く政府開発援助（ＯＤＡ）の再開を決めた。尖閣問題に端を発する反日デモで大きな被害を受けたパナソニックは日本企業に先駆けて中国に進出し、近代化を助けてきた。

こうした前向きな歴史がきちんと若い世代に伝えられていれば、反日の過激な行動も抑制されたのではないだろうか。

■人的遺産の継承こそ

日本は一九七九年度から二〇〇八年度まで、三兆四千億円以上の対中ＯＤＡを供与してきた。発展途上の中国に対して、主にインフラ整備などの分野で国づくりを手伝ってきた。

そして今、中国が悩んでいるのは深刻な大気汚染に象徴されるような環境問題である。日本が一九六〇年代以降、自国の公害問題を克服する過程で、苦心を重ねて手に入れてきたさまざまな最新技術は、中国の環境問題の解決に大きな力となるのは間違いない。世界第二の経済大国になり自信をつけてきた中国だが、実は日本からの手助けを大いに期待する分野も多い。

そうした日中協力について、正確な情報の提供を通じ、中国の特に若い人たちの日本への理解を助けていくことが必要である。党や政府が時に、愛国心を政治利用しようとしても、中国国民の正確な対日認識に基づく健全な判断力が、それを許さないような社会を作っていくものと期待したい。そして、そうした社会の原動力となるのが、これからの中国社会を支える若者であるのは言うまでもない。

日中間には、政治、経済、文化などの各界に、数多くの「井戸を掘った人」が多数存在した。そうした人的遺産をうまく受け継いでこられなかったのも、極端な対立を避けられなかった原因のひとつであるだろう。

今後は、日中双方が人的遺産を下の世代へと引き継ぎ、パイプを絶やさないようにして交流のすそ野を広げていってほしい。

改訂版あとがき

中国のウオッチを始めてから二十八年の年月が流れました。初めて中国大陸に足を踏み入れたのは一九九四年。中日新聞の派遣留学生としてでした。九七年以降、北京で二回、上海で一回の特派員を務め、中国という巨竜を現地で取材したのがあしかけ十年。二〇一一年からは論説委員(中国駐在論説委員も含む)として主に現代中国についての社説を執筆してきました。

現代中国を観察の対象とする以上、本に書いたその瞬間から、情報が古びていってしまうのは宿命ともいえます。二〇一四年七月に当時駐在していた上海で、中国特派員二千五百日の経験を踏まえ「巨龍の目撃者」を上梓した際は、飛び切り新鮮な情報を満載したつもりです。それでも、それから八年の月日が流れたことで、巨龍のダイナミックで新たな動きをさらに補足すべき必要性を痛感し、改訂版の出版に踏み切りました。

「改訂版・巨龍の目撃者」では、旧書の第十三章「影子銀行と新経済特区」を全面削除し、「葬り去られた『一国二制度』」の章を設けました。この章では、雨傘運動に端を発した香港の民主化運動が、中国主導の香港国家安全維持法により押しつぶされていく様を新たに書き込みました。さらに、中国が将来の「台湾統一」のために編み出した「一国二制度」が葬り去られてゆく様子を、固唾を飲んで見つめている人たちが暮らす台湾についてもページを割きました。ロシアのウクライナ侵攻が中台関係に与える影響についても加筆しました。

もう一つの大きな改訂は、第八章「コロナ『抑え込んだ』習近平の素顔」です。新型コロナウイルスとの戦いについて、習主席は「共産党統治の優位性を示した」と胸を張りました。中国がこの感染病にどう向き合い、コロナ禍が国際社会と中国の関係にどのような影響を与えたかなどについて新たに書き加えました。

その他にも、一部を改訂したのは、第一章「裸官はびこる汚職天国」、第四章「中華のアキレス腱―民族問題」、第十章「政治局員葬った『重慶の乱』」、第十二章「中国と東南アジア―南海の攻防」、第十四章「未来指向の日中関係を」に及びます。

現代中国については、先人たちの優れた著作が多く存在します。本書に多少なりとも類書と違う特色があるとすれば、現代中国が抱える諸問題や、日本が今後中国と向き合う姿勢などについて、私自身の考えや提言などを多く盛り込んだことだと思います。

もちろん、新聞記者としては中国大陸を十年間にわたり駆け回り、「巨龍」の実像に少しでも迫ろうと、客観的な事実を積み重ねて発信する努力を続けてきました。

そのうえで、私自身の考えを大胆に示したのは、この近隣の大国とどうつきあっていったらいいのか、読者自身にそれぞれの考えを深めてほしいと思ったからです。本書がそのための羅針盤の一つになるのであれば、望外の幸せです。

本書が日の目を見るまでには、日本はむろん、多くの中国の友人、知人の助けを借りました。特に、改訂版の出版については中日新聞社の勝見啓吾出版部長の尽力を賜りました。勝見氏は十五年以上前の社会部記者時代に共に地方政治の動きを追った同志です。本作りという形で再び共に仕事ができたのは予期せぬ喜びでした。

生まれ故郷の重慶から遠く離れ私を支えてくれる妻、陶成英、北京生まれの娘、星、上海で幼稚園時代を送った息子、亮。いずれも中国と深いえにしを結ぶ大切な家族に、本書を捧げたいと思います。

二〇二二年八月　岐阜県瑞浪市の寓居にて

《参考文献》

新聞、機関紙、雑誌、通信

中日新聞、東京新聞
朝日新聞
毎日新聞
読売新聞
産経新聞
日本経済新聞
共同通信
時事通信
「環」34号　藤原書店　二〇〇八年
人民日報、人民日報海外版
環球時報
北京日報

京華時報
参考消息
東方早報(上海)
解放日報(上海)
新聞晨報(上海)
新民晩報(上海)
文匯報(香港)
明報(香港)
南方週末(週刊紙)
戦略と管理(雑誌)
サウス・チャイナ・モーニング・ポスト
インターナショナル・ヘラルド・トリビューン

一般著作

天児慧、三船恵美編著『膨張する中国の対外関係』勁草書房　二〇一〇年
朝日新聞中国総局『紅の党　習近平体制誕生の内幕』朝日新聞出版　二〇一二年
井熊均・王婷『中国環境都市』日刊工業新聞社　二〇一〇年

遠藤誉『チャイナギャップ』朝日新聞出版　二〇一三年
王　文亮『仮面の大国　中国の真実』ＰＨＰ　二〇一一年
王輝著、中路陽子訳『文化大革命の真実　天津大動乱』ミネルヴァ書房　二〇一三年
上村幸治『香港を極める』朝日文庫　一九九七年
国分良成編『中国は、いま』岩波新書　二〇一一年
興梠一郎『中国激流　13億のゆくえ』岩波新書　二〇〇五年
近藤大介『対中戦略　無益な戦争を回避するために』講談社　二〇一三年
小泉信三『共産主義批判の常識』講談社学術文庫　一九七六年
佐藤一郎『新しい中国　古い大国』文春新書　二〇〇七年
清水美和『人民中国の終焉』講談社＋α文庫　二〇〇六年
清水美和『中国はなぜ『反日』になったか』文春新書　二〇〇三年
杉本信行『大地の咆哮　元上海総領事が見た中国』ＰＨＰ文庫　二〇〇七年
芹田健太郎『日本の領土』中公文庫　二〇一〇年
竹内実編『文化大革命』平凡社　一九七三年
東郷和彦『歴史認識を問い直す』角川書店　二〇一三年
戸張東夫『映画で語る中国・台湾・香港』丸善ライブラリー　一九九一年
中嶋嶺雄『北京烈々』　講談社学術文庫　二〇〇二年
原貴美恵『サンフランシスコ平和条約の盲点』溪水社　二〇〇五年
服部龍二『日中国交正常化　田中角栄、大平正芳、官僚たちの挑戦』中公新書　二〇一一年
藤井省三『中国語圏文学史』東京大学出版会　二〇一一年
孫崎享編『検証尖閣問題』岩波書店　二〇一二年
毛里和子『日中関係　戦後から新時代へ』岩波書店　二〇〇六年

矢板明夫「習近平　共産中国最弱の帝王」文芸春秋　二〇一二年
劉傑『中国人の歴史観』文春新書　一九九九年
劉暁波『「私には敵はいない」の思想』藤原書店　二〇一一年
リチャード・マクレガー『中国共産党』草思社　二〇一一年

中国語文献

共青団中央国際連絡部編『為了世代友好』中国青年出版社　二〇一一年
胡徳平『中国為什么要改革』人民出版社　二〇一一年
耿向東『図解　中国外交』人民出版社　二〇一一年
『十八大報告　補導読本』人民出版社　二〇一二年
『全国両会記者会実録』　人民出版社　二〇一四年
時殷弘『中日接近与〝外交革命〟』戦略与管理　二〇〇三年
『真話中国　環球時報社評二〇一二・上』人民日報出版社　二〇一二年
銭其琛『外交十記』世界知識出版社　二〇〇三年
陳桂棣、春桃『中国農民調査』人民文学出版社　一九九九年
唐家璇主編『中国外交辞典』世界知識出版社　二〇〇〇年
鄧小平『鄧小平文選』第三巻　人民出版社　一九九三年
張百新主編『釣魚島是中国的』新華出版社　二〇一二年
張国慶ほか『中国要淡定　直言内政外交』鳳凰出版社　二〇一二年
『二〇一〇能源藍皮書』社会科学文献出版社
馬立誠『対日関係新思惟―中日民間之憂』戦略与管理　二〇〇二年

余杰『中国影帝温家宝』新世紀出版社　二〇〇九年
陸学芸主編『当代中国社会階層研究報告』社会科学文献出版社　二〇〇二年
『劉賓雁　自選集』新華書店　一九八八年
周勍『民以何食為天』中国工人出版社　二〇〇七年

資料集、事典など

毛里和子、国分良成編著『原典中国現代史第1巻　政治　上』岩波書店　一九九四年
岡部達味、天児慧編著『原典中国現代史第2巻　政治　下』岩波書店　一九九五年
太田勝洪、朱建栄編著『原典中国現代史第6巻　外交』岩波書店　一九九五年
安藤正士、小竹一彰編著『原典中国現代史第8巻　日中関係』岩波書店　一九九四年
『世界年鑑』共同通信社　二〇一三年
『中国情報源二〇一三―二〇一四年版』蒼蒼社　二〇一三年
『中国最高指導者ＷＨＯ'Ｓ　ＷＨＯ』蒼蒼社　二〇一三年
諸橋轍次著『中国古典名言事典』講談社学術文庫　一九九六年第21刷
竹内実、矢吹晋編『中国情報用語事典』蒼蒼社　一九九六―九七年版
矢吹晋『図説中国力』蒼蒼社　二〇一〇年
『岩波現代中国事典』岩波書店　一九九九年

加藤直人（かとう・なおひと）
中日新聞・東京新聞論説委員。一九六二年、岐阜県瑞浪市生まれ。名古屋市の私立東海中、高を経て慶応義塾大学法学部法律学科卒。社派遣留学生（北京外国語大学）、北京特派員、名古屋本社社会部デスク、中国総局長（北京駐在）、中国駐在論説委員兼上海支局長を経て、二〇一七年一月から現職。二二年八月から中部大学国際関係学部客員教授。

巨龍の目撃者 中国特派員2500日

発行日 2014年7月26日 初版第一刷発行
2022年9月5日 第二版第一刷発行

著者 加藤直人
発行者 勝見啓吾
発行所 中日新聞社
〒四六〇―八五一一
名古屋市中区三の丸一丁目六番一号
電話 〇五二―二〇一―八八一一（大代表）
〇五二―二二一―一七一四（出版部直通）

印刷・製本 サンメッセ株式会社
ブックデザイン 坪内祝義

ISBN 978-4-8062-0674-3 C0036